国家林业和草原局普通高等教育"十四五"规划教材

大数据导论

强振平　王晓锐　主　编

中国林业出版社
China Forestry Publishing House

内 容 简 介

随着信息化和数字化加速推进，大数据技术正深刻影响着各行各业的运作模式。本教材系统介绍大数据的基础理论、关键技术及应用，为研究、教学及实践人员提供全面指南。

本教材共9章，涵盖大数据概念、技术框架、核心工具、治理方法及伦理问题。结合智慧林业需求，探讨大数据在生态保护、资源管理和决策支持中的应用。书中还阐述了云计算、物联网、人工智能等技术如何赋能大数据，通过案例讲解数据采集、处理、存储和分析的全过程，并探讨林业大数据的关键技术与实践方案。

此外，本教材关注大数据治理与伦理，探讨隐私保护、数据质量及伦理问题，强调技术进步与社会责任的平衡。内容紧跟技术前沿，理论结合实际，适合技术人员、科研人员、高校师生及管理者参考学习。

图书在版编目（CIP）数据

大数据导论 / 强振平，王晓锐主编. -- 北京 ： 中国林业出版社，2025. 4. --（国家林业和草原局普通高等教育"十四五"规划教材）. -- ISBN 978-7-5219 -3193-8

Ⅰ. TP274

中国国家版本馆CIP数据核字第2025WQ0474号

责任编辑：曹　阳
封面设计：睿思视界视觉设计

出版发行　中国林业出版社

（100009，北京市西城区刘海胡同 7 号，电话 010-83223120　83143611）

电子邮箱　jiaocaipublic@163.com

网　　址　https：//www.cfph.net

印　　刷　北京中科印刷有限公司

版　　次　2025 年 4 月第 1 版

印　　次　2025 年 4 月第 1 次印刷

开　　本　787mm×1092mm　1/16

印　　张　10.25

字　　数　220 千字

定　　价　49.00 元

《大数据导论》
编写人员名单

主　　编：强振平　王晓锐

副 主 编：何丽波　代　飞　林　宏

参编人员：（按姓氏拼音排序）

代　飞（西南林业大学）

何丽波（云南警官学院）

林　宏（西南林业大学）

强振平（西南林业大学）

王晓锐（西南林业大学）

前　言

数据是21世纪的重要战略资源，大数据更被誉为"新时代的石油"。从宏观经济到个人生活，大数据技术的应用已经渗透到社会发展的每个角落。如何利用大数据提升效率、优化决策，已成为政府、企业和学术界共同关注的核心议题之一。党的二十大报告明确提出，要加快推动数字经济高质量发展，建设数字中国。这一重要指引为大数据技术与产业的发展注入了强大动力。

本教材围绕大数据技术在智慧林业中的应用这一主题，立足于生态文明建设和数字经济发展的战略需求，深入探讨了数据从获取到应用的全生命周期过程，通过层层递进的结构设计，系统阐述了大数据技术的理论体系与工程实践。

第1章对数据及大数据的基本概念进行了梳理，结合DIKW模型阐明了数据在信息价值链中的重要作用，并总结了大数据的特性与挑战。第2章着眼于云计算、物联网和人工智能技术，剖析了它们与大数据之间的关系，为技术集成应用奠定了基础。第3章至第6章分别从大数据的获取、存储、分析和工具应用4个方面展开，详细介绍了大数据的核心技术及实现方法。第7章和第9章聚焦于大数据治理和伦理问题，从理论和实践两个层面探讨了数据质量管理、隐私保护以及伦理挑战，为大数据技术的健康发展提供了指导。第8章主要从互联网、生物医药、物流城市管理、农业及林业等领域对大数据的应用进行了介绍。

本教材的特色在于将智慧林业作为重点领域，结合实际案例，如无人机数据采集、全球森林观察（GFW）、谷歌地球引擎（GEE）等典型实践，展示了大数据在林业资源保护、灾害监测和智能决策中的应用成效。

通过这本教材，读者不仅能系统掌握大数据技术的核心知识，还能理解其在推动社会进步和实现生态可持续发展中的重大意义。与此同时，我们也希望通过这些探索，能为智慧林业和生态文明建设提供更多的启发和借鉴。

本教材系西南林业大学"十四五"规划教材建设项目的成果。本教材由强振平、王晓锐任主编，具体编写分工如下：第1、3章由强振平编写，第2、9章由王晓锐编写，第4、5章由何丽波编写，第6、7章由代飞编写，第8章由林宏编写。最后由强振平统稿。此外，本教材的撰写凝聚了多位领域内专家的智慧与心血，感谢他们在内容策划、理论研究和案例分析中所做出的辛勤努力。同时，我们特别感谢所有为本教材提出宝贵建议的同行与读者的关心与帮助。

鉴于大数据技术的快速发展和跨学科的广泛交叉，书中难免存在不足之处，恳请广大读者批评指正，以便我们进一步完善与提升。

编　者
2025年3月

目 录

数据是事实或观察的结果，是对客观事物的逻辑归纳，是用于表示客观事物的未经加工的原始素材。大数据（Big Data），亦称巨量资料，指的是所涵盖的数据资料规模极其庞大，庞大到无法凭借人脑乃至主流软件工具，在合理的时间段内予以全面、准确地获取、管理、处置和整理。本章将围绕数据与大数据的概念予以展开，同时对大数据时代进行探讨。此外，本章还会介绍大数据林业，通过深入剖析其概念、产生背景以及关键技术等方面，让读者增进对大数据的了解。

1.1　认识数据

现代社会中，数据无处不在。例如，我们的消费记录、浏览网页的行为、社交媒体上的互动等都构成了数据。对于个人而言，认识数据意味着了解如何收集、整理、分析和解读数据，以从中获取有价值的信息，帮助做出决策或解决问题。对于企业和组织，认识数据能够帮助优化业务流程、提升效率、创新产品和服务，以及更好地满足客户需求。在科学研究领域，认识数据有助于发现规律、验证假设和推动知识的进步。总之，在当今数字化时代中，认识数据是一项至关重要的能力。

1.1.1　DIKW 模型

DIKW 模型是一个能出色辅助我们厘清数据（data）、信息（information）、知识（knowledge）和智慧（wisdom）之间关系的有力工具。该模型清晰地展现了数据逐步转化为信息、知识，乃至最终升华为智慧的全过程，如图1-1所示。

在 DIKW 体系中，数据、信息、知识和智慧被有序纳入一个呈金字塔形层次的架构里。处于底层的是数据，其通过原始观察及量度来获取。这些初始数据未经加工处理，处于一种原始、零散的状态。接着，对数据间的关系加以分析，就能将数据转化为信息。信息为数据赋予了意义和脉络，使其变得可理解和有价值。而后，通过在实际行动中应用信息，并不断总结和提炼，便能形成知识。知识是对信息的深入运用和

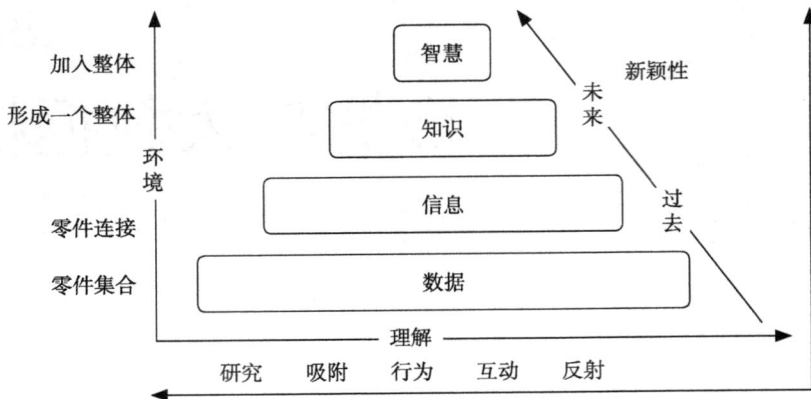

图 1-1 DIKW 模型图

实践积累。位于金字塔顶端的智慧，聚焦于未来，它不仅基于当下的信息和知识，还能敏锐地捕捉到事物发展的潜在暗示和可能产生的滞后影响，从而做出具有前瞻性和长远眼光的决策。

从数据到信息，再到知识，直至智慧，每一层级的递进都有着内在的逻辑和规律，且每一层相较下一层都具备独特的特质和价值。

在当今数字化的时代，数据如洪流般涌来，而DIKW模型为我们理解和处理这海量数据提供了宝贵的框架。从数据的角度出发，DIKW模型的原理展现出了数据逐步升华和价值挖掘的清晰路径。

首先，数据作为DIKW模型的基础，是对客观世界的原始记录。这些数据可以是各种各样的形式，例如，企业销售记录中的每一笔交易详情、网站访问者的每一次点击行为、传感器收集的环境参数等。然而，在初始阶段，这些数据是零散、无序且缺乏明确意义的。

随着对数据的整理和分析，数据开始向信息转化。这一过程就像是对一堆杂乱的拼图碎片进行初步的分类和拼接。通过运用统计方法、数据清洗和格式转换等手段，我们能够从数据中提取出有意义的部分，例如，计算出销售的总额、统计网站不同页面的访问频率、确定环境参数的平均值等。这些经过处理和组织的数据，开始能够回答一些基本的问题，如"销售业绩如何""哪个页面最受欢迎""环境状况大致怎样"，从而形成了具有一定结构和可用性的信息。

当我们进一步深入挖掘和整合这些信息时，就会发现其中隐藏的模式、关系和规律，从而形成知识。以销售数据为例，通过长期的跟踪和对比分析，可能会发现某些季节或促销活动对特定产品销售的影响规律；对于网站访问数据，可能会了解到用户在不同页面之间的跳转路径与最终购买行为的关联；而对于环境数据，可能会总结出环境参数变化与特定生态现象之间的因果关系。这些知识不仅让我们对过去和现在有更清晰地认识，还能对未来进行一定的预测和规划。

而智慧则是在知识的基础上，综合考虑各种因素，包括伦理、道德、社会影响、长远发展等，做出最为明智和恰当的决策。例如，基于对销售知识的掌握，决定是否调整产品线或制定新的营销策略；根据对网站用户行为的了解，决定如何优化网站布局和内容推荐；依据对环境变化规律的认识，制定可持续的发展策略和环保措施。

DIKW模型的原理揭示了一个不断挖掘和提炼数据价值的过程。它强调了数据不仅仅是数字和字符的堆砌，而是蕴含着无限潜力的资源，通过处理和思考，可以转化为能够指导行动、创造价值的智慧。

1.1.2　数据的概念

数据，是对客观事件进行记录并可以鉴别的符号，是对客观事物的性质、状态以及相互关系等进行记载的物理符号或这些物理符号的组合。它是可识别的、抽象的符号，以多种多样的形式存在于我们的生活和工作中。

在 DIKW 模型里，数据处于第一层，其核心任务在于回答"表示"（representation）的问题。数据所涵盖的范围极其广泛，它不仅指狭义上直观的数字，还包含了具有一定意义的文字、字母、数字符号的组合，以及丰富多样的图形、图像、生动直观的视频、清晰可闻的音频等。可以说，数据是客观事物的属性、数量、位置及其相互关系的抽象表示。例如，常见的"0，1，2…"这些简单的数字排列是数据；"阴、雨、下降、气温"这类描述天气状况的词汇也是数据；"学生的档案记录、货物的运输情况"等详细的记录同样属于数据的范畴。

值得注意的是，数据在未经加工处理时，往往只是一些原始的、孤立的符号或信息片段。但当数据经过系统的加工和分析后，就能够从中提取出有价值的内容，从而成为对人们具有指导意义和决策价值的信息。

在计算机科学领域，数据更是具有举足轻重的地位。数据是所有能输入计算机并被计算机程序处理的符号的介质的总称，是用于输入计算机进行处理、具有一定意义的数字、字母、符号和模拟量等的统称。随着科技的飞速发展，计算机在各个领域的应用不断深化和拓展，计算机存储和处理的对象变得极为广泛，从日常的办公文档、多媒体文件，到复杂的科学计算数据、金融交易数据等。正因如此，代表这些对象的数据也随之变得越来越复杂，对数据的管理、处理和分析能力也提出了更高的要求。

1.1.3　数据的特征

在生活中，数据无处不在，其类型丰富多样。数据具有5个显著的特征，分别是无限性、易复制性、非均质性、易腐性和原始性。

①无限性　与实物有所不同，数据不会因使用而消耗殆尽，相反，会因使用而不断产生，其数量会持续增多。正如 Paul Sonderegger 在 2017年所说："数据将成为最基本的客观产物，无论做什么，我们都在产生数据。"依据 DASA R&T 发布的《2016—2045年新兴科技趋势》，全球新产生的数据量大约每两年便会翻倍。这堪称"大数据的摩尔定律"，数据大爆炸已然成为必然之势。

②**易复制性** 数据能够以近乎零成本的方式迅速复制，可供多人同时使用，能够多次循环利用，一个人的使用不会排斥和妨碍他人对其的使用，不同人之间在使用上不存在直接的利益冲突。易复制性使数据在一定程度上具有非竞争性和非排他性，然而，数据并非公共品，而是有公共数据、企业数据和个人数据之分。

③**非均质性** 数据非均质性是指数据表中的数据内容、特性存在很大差异的状态，不存在良好的均一性。它是数据的一种常见特性，在大数据领域得到了广泛关注。一般来说，数据非均质性会对数据统计分析和模型开发带来诸多不利影响，从而影响结果的真实性和准确性。面对这一现象，数据处理与统计分析领域出现了针对数据非均质性的全面解决方案，包括数据归一化、属性抽取与拆分、统计模型增强等。这些技术可以有效地降低数据非均质性的影响，提高统计模型的准确性和可靠性。

④**易腐性** 数据属于一种易腐品，会随着时间的推移迅速贬值。这意味着，数据的价值在很大程度上体现在时效性方面，超过一半的数据在产生的瞬间就不再具有价值，我们将此称之为"一秒钟定律"。能够得到分析处理并产生实际效用的数据更是少之又少。

⑤**原始性** 数据的原始性是指最初获取或生成且未经过任何有意或无意的筛选、修改、转换或解读的数据状态，其直接来源于实验、观测、调查等科学活动，完整地保留了所研究对象的最基本信息，具有真实性、未加工性和不可替代性，是后续进行数据分析、形成结论和验证研究的可靠依据，而原始数据的准确记录和妥善保存对保证科学研究的严谨性和可重复性意义重大。

1.2 大数据时代

最早提出"大数据时代已然到来"这一观点的是全球著名咨询公司麦肯锡（McKinsey & Company）。麦肯锡宣称："数据，现今已渗透至每一个行业及业务职能领域，成为关键的生产要素。人们对海量数据的挖掘与运用，预示着新一波生产力的增长以及消费者盈余浪潮的来临。"大数据在物理学、生物学、环境生态学等领域，以及军事、金融、通信等行业存在已久，然而，却是由于近年来互联网和信息行业的蓬勃发展才引起了人们的广泛关注。

1.2.1 大数据发展史

大数据是信息技术发展的必然产物，更是信息化进程的新阶段，其发展推动了数字经济的形成与繁荣。信息化已经历了两次高速发展的浪潮，第一次始于20世纪80年代，是以个人计算机普及和应用为主要特征的数字化时代，第二次始于20世纪90年代中期，是以互联网大规模商业应用为主要特征的网络化时代。当前，我们正在进入以数据的深度挖掘和融合应用为主要特征的大数据时代。大数据时代的到来标志着一场深刻的革命，数据正以生产资料要素的形式参与到生产之中，它取之不尽、用之不竭，并在不断循环中交互作用，创造出难以估量的价值，这就是信息化发展的"第三次浪潮"。

回顾我国大数据的发展历程，大数据总体上可以划分为以下4个阶段：萌芽期、成长期、爆发期和大规模应用期。

①萌芽期（1980—2008年） 大数据术语被提出，相关技术概念得到一定程度传播，但没有得到实质性发展。同一时期，随着数据挖掘理论和数据库技术的逐步成熟，一批商业智能工具和知识管理技术开始被应用，如数据仓库、专家系统、知识管理系统等。1980年，未来学家托夫勒在其所著的《第三次浪潮》一书中，首次提出"大数据"一词，将大数据称赞为"第三次浪潮的华彩乐章"。2008年9月，《自然》杂志推出了"大数据"封面专栏。

②成长期（2009—2012年） 大数据市场迅速成长，互联网数据呈爆发式增长，大数据技术逐渐被大众熟悉和使用。2010年2月，肯尼斯·库克尔在《经济学人》上发表了长达14页的大数据专题报告《数据，无所不在的数据》。2012年，牛津大学教授维克托·迈尔·舍恩伯格的著作《大数据时代》开始在国内风靡，推动了大数据在国内的发展。

③爆发期（2013—2015年） 大数据迎来了发展的高潮，包括我国在内的世界各个国家纷纷布局大数据战略。2013年，以百度、阿里巴巴、腾讯为代表的国内互联网公司各显身手，纷纷推出创新性的大数据应用。2015年8月，国务院发布《促进大数据发展行动纲要》，全面推进我国大数据发展和应用，进一步提升创业创新活力和社会治理水平。

④大规模应用期（2016年至今） 大数据应用渗透到各行各业，大数据价值不断凸显，数据驱动决策和社会智能化程度大幅提高，大数据产业迎来快速发展和大规模应用。2019年5月，《2018年全球大数据发展分析报告》显示，中国大数据产业发展和技术创新能力有了显著提升。这一时期学术界在大数据技术与应用方面的研究创新也不断取得突破，截至2020年，全球以"Big Data"为关键词的论文发表量达到64 739篇，全球共申请大数据领域的相关专利136 694项。

随着我国大数据战略谋篇布局的不断展开，国家高度重视并不断完善大数据政策支撑，大数据产业加速发展，经历上述4个不同阶段，正逐步从数据大国向数据强国迈进。

1.2.2 大数据产业链

根据中国信息通信研究院发布的《大数据白皮书》，大数据产业是以数据及数据所蕴含的信息价值为核心生产要素，通过数据技术、数据产品、数据服务等形式，使数据与信息价值在各行业经济活动中得到充分释放的赋能型产业。不同机构对大数据的定义也有所不同，美国高德纳咨询公司（Gartner Group）认为，大数据是需要新处理模式才能具有更强决策力、洞察发现力和流程优化能力来适应海量、高增长率和多样化的信息资产。麦肯锡则认为，大数据是一种规模大到在获取、存储、管理、分析方面大大超出了传统数据库软件工具能力范围的数据集合，具有海量的数据规模、快速的数据流转、多样的数据类型和价值密度低四大特征。我国的移动信息化研究中心提出，大数据是帮助企业利用海量数据资产，实时、精确地洞察未知逻辑领域的动态变化并快速重塑业务流程、组织和行业的新兴数据管理技术。虽然不同机构从不同角度提出了大数据的概念，但都认为大数据会带来技术革新。

大数据产业链覆盖范围广，上游是基础支撑层，主要包括网络设备、计算机设备、存储设备等硬件供应。此外，相关云计算资源管理平台、大数据平台建设也属于产业链上游。大数据产业上游基础设施具体包括IT设备、电源设备、基础运营商及其他设备，相关代表企业有华为、中兴通讯、艾默生、中国移动、中国电信、中国联通等。

大数据产业中游立足海量数据资源，围绕各类应用和市场需求，提供辅助性的服务，包括数据交易、数据资产管理、数据采集、数据加工分析、数据安全，以及基于数据的IT运维等。中游大数据领域可以细分为数据中心、大数据分析、大数据交易与大数据安全等子行业，相关代表企业包括宝信软件、数据港、久其软件、拓尔思、上海数据交易中心、贵阳大数据交易所与华云数据等。

大数据产业下游则是大数据应用市场，随着我国大数据研究技术水平的不断提升，在下游应用市场，我国大数据应用范围正在快速向各行各业延伸，除发展较早的政务大数据、交通大数据外，在工业、金融、医疗健康等众多领域大数据应用均初见成效。

1.3　大数据的特征

大数据的定义多而杂，不同企业、行业等都从自身角度来定义大数据，意思都差不多，就一句话：大数据由巨型数据集组成，这些数据集规模超出了常用软件在可接受时间下的收集、管理、处理和使用能力。

1.3.1　大数据的"4V"特征

虽然大数据的定义没有统一，但是国际知名咨询公司IDC定义的大数据4个特征却受到业界的广泛接受，也就是"4V"特征——数据量大（volume）、数据种类多（variety）、数据价值密度低（value）以及数据产生和处理速度快（velocity）。

（1）数据量大

传感器、物联网、工业互联网、车联网、手机、平板电脑等，无一不是数据来源或者承载的方式。当今的数字时代，人们日常生活（微信、QQ、上网搜索与购物等）都在产生着数量庞大的数据。

大数据不再以GB或TB为单位来衡量，而是以PB（1 000个T）、EB（100万个T）或ZB（10亿个T）为计量单位，从TB跃升到PB、EB乃至ZB级别。顾名思义，这就是大数据的首要特征。

（2）数据种类多

大数据不仅体现在量的急剧增长，数据类型亦多样，可分为结构化、半结构化和非结构化数据。结构化数据存储在多年来一直主导着IT应用的关系型数据库中；半结构化数据包括电子邮件、文字处理文件以及大量的网络新闻等，以内容为基础，这也是谷歌和百度存在的理由；而非结构化数据随着社交网络、移动计算和传感器等新技术应用不断产生，广泛存在于社交网络、物联网、电子商务之中。产生人类智慧的大数据往往就是这些非结构化数据。

（3）数据价值密度低

大数据的重点不在于其数据量的增长，而是在信息爆炸时代对数据价值的再挖掘，如何挖掘出大数据的有效信息，才是至关重要。价值密度的高低与数据总量的大小成反比。虽然价值密度低是日益凸显的一个大数据特性，但是对大数据进行研究、分析挖掘仍然是具有深刻意义的，大数据的价值依然是不可估量的。毕竟，价值是推动一切技术（包括大数据技术）研究和发展的内生决定性动力。

（4）数据产生和处理速度快

美国互联网数据中心指出，企业数据正在以55%的速度逐年增长，互联网数据每年将增长50%，每两年便将翻一番。IBM研究表明，整个人类文明所获得的全部数据中，90%是过去两年内产生的。要求数据处理速度快也是大数据区别于传统数据挖掘技术的本质特征。有学者提出了与之相关的"一秒定律"，意思是在这一秒有用的数据，下一秒可能就失效了。数据价值除了与数据规模相关，还与数据处理速度成正比关系；也就是，数据处理速度越快、越及时，其发挥的效能就越大、价值越大。

1.3.2　大数据特征中存在的挑战

数据的特征有目共睹，然而其中存在诸多问题与挑战。当人们正准备对大数据带来的种种光鲜机遇加以利用时，存在于大数据时代的"潘多拉魔盒"中的魔鬼或许会随时现身。

（1）数据管理成本增加

"4V"特征中的第一个"V"（volume）描述了大数据之大。这些巨大、海量数据的管理问题是对每一个大数据运营者的最大挑战。在网络空间，大数据是更容易被"发现"的显著目标，大数据成为网络攻击的第一演兵场所。一方面，大量数据的集中存储增加了泄漏风险，"黑客"的一次成功攻击能获得比以往更多的数据量，无形中降低了"黑客"的进攻成本，增加了"攻击收益"；另一方面，大数据意味着海量数据的汇集，这里面蕴藏着更复杂、更敏感、价值巨大的数据，这些数据会引来更多的潜在攻击者。

在大数据的消费者层面，未来几年内，公司将处理更多由内部生成的数据。然而，许多组织内部，诸如财务、工程、生产、市场和IT等部门之间的信息仍然处于孤立状态。部门间的相互防范导致信息共享受限，严重阻碍了组织效率的提升。那些能够在保持部门优势和现有壁垒的前提下，实现更透明沟通的公司，将在竞争中占据显著优势。

在此背景下，优先招募具备安全管理经验并接受过大数据管理技能培训的专业人员显得尤为重要。尽管当前人力和培训成本持续攀升，这种投入无疑会令许多CEO倍感压力，但针对大数据管理人员的教育和培训成本，仍是确保数据安全和管理效率的必要战略支出。

此外，在流程设计中，应优先采用数据分散存储的方式。通过这一策略，即便某个存储单元被"黑客"攻破，也无法获得完整数据集。同时，需对不同安全域进行精准评估，特别是加强对关键信息索引的保护，将资源重点投入关键领域，做到"好钢用在刀刃上"。这一设计还须具备抵御部分设施灾难性损毁的能力，从而提升数据保全的可靠性。

（2）数据验证难度增加

"4V"特征中的第二个"V"（variety），描述了数据类型之多。大数据时代，由于不再拘泥于特定的数据收集模式，使得数据来自多维空间，各种非结构化的数据与结构化的数据混杂在一起。

未来面临的挑战将会是从数据中提取需要的数据，很多组织将不得不接受的现实是，太多无用的信息造成的信息不足或信息不匹配。我们可以考虑这样的逻辑：依托于大数据进行算法处理得出预测，但是如果这些收集上来的数据本身有问题又该如何呢？也许大数据的数据规模可以使得我们无视一些偶然非人为的错误，但是如果有个"敌手"故意放出干扰数据呢？现在非常需要研究相关的算法来确保数据来源的有效性，尤其是比较强调数据有效性的大数据领域。

正是因为这个原因，对于正在收集和存储大量客户数据的公司来说，最显而易见的威胁就是在过去的几年里，存放于企业数据库中数以TB计，不断增加的客户数据是否真实可靠、依然有效。

众所周知，海量数据本身就蕴藏着价值，但是如何将有用的数据与没有价值的数据进行区分看起来是一个棘手的问题，甚至引发越来越多的安全问题。

尝试尽可能使数据类型具体化，增加对数据更细粒度的了解，使数据本身更加细化，缩小数据的聚焦范围，定义数据的相关参数，数据的筛选要做得更加精致。与此同时，进一步健全特征库，加强数据的交叉验证，通过逻辑冲突去伪存真。

（3）数据安全防御边界扩展

"4V"特征中的第三个"V"（value），描述了大数据单位数据的低价值。这种广种薄收式的价值量度，使得信息效能被摊薄了，大数据的安全预防与攻击事件的分析过程更加复杂，相当于安全管理范围被放大了。

大数据时代的安全与传统信息安全相比，变得更加复杂，具体体现在以下3个方面：一方面，大量的数据汇集，包括大量的企业运营数据、客户信息、个人的隐私和各种行为的细节记录，这些数据的集中存储增加了数据泄漏风险；另一方面，因为一些敏感数据的所有权和使用权并没有被明确界定，很多基于大数据的分析都未考虑其中涉及的个体隐私问题；再一方面，大数据对数据的完整性、可用性和秘密性带来挑战，在防止数据丢失、被盗取、被滥用和被破坏上存在一定的技术难度，传统的安全工具不再像以前那么有用。

确立有限管理边界，依据保护要求，加强重点保护，构建一体化的数据安全管理体系，遵循网络防护和数据自主预防并重的原则，并不是实施了全面的网络安全护理就能彻底解决大数据的安全问题，数据不丢失只是传统的边界网络安全的一个必要补充，我们还需要对大数据安全管理的盲区进行监控，只有将二者结合在一起，才是一个全面的一体化安全管理的解决方案。

（4）数据独立决策比例降低

"4V"特征中最后一个"V"（velocity），决定了利用海量数据快速得出有用信息的属性。大数据时代，对事物因果关系的关注转变为对事物相关关系的关注。如果大数据系统只是一种辅助决策系统，这还不是最可怕的。事实上，今天大数据分析日益成为一项重要的业务决策流程，越来越多的决策结果来自大数据的分析建议。对于领导者最艰难的事情之一，是让我们的逻辑思考来做决定，还是由机器的数据分析做决定。可怕的是，今天看来，机器往往是正确的，这不得不让我们产生依赖。试想一下，如果收集的数据已经被修正过，或是系统逻辑已经被控制。但是面对海量的数据收集、存储、管理、分析和共享，传统意义上的对错分析和奇偶校验已失去作用。

在依靠大数据进行分析、决策的同时，还应辅助其他的传统决策支持系统，尽可能明智地使用数据所告诉我们的结果，让大数据为我们所用。但绝对不要片面地依赖于大数据系统。

大数据独特的导入方式使得攻防双方地位的不对等性大大降低。在大数据时代，数据加工和存储链条上的时空先后顺序已被模糊，可扩展的数据联系使得隐私的保护更加困难。过去传统的安全防护工作，是"先扎好篱笆、筑好墙"，等待"黑客"的攻击，我们虽然不知道下一个"黑客"是谁，但我们一定知道，它是通过寻求新的漏洞，从前面逐层进入。守方在明处，但相比之下，攻方有明显的压倒性优势。而在大数据时代，任何人都可以是信息的提供者和维护者，这种由先天的结构性导入设计所带来的变化，让你很难知道"它"从哪里进来，"哪里"才是前沿。这种变化，使得攻、防双方的力量对比的不对等性大幅下降。

同时，由于这种不对等性的降低，在我们用数据挖掘和数据分析等大数据技术获取有价值信息的同时，"黑客"也可以利用这些大数据技术发起新的攻击。"黑客"会最大限度地收集更多有用信息，比如社交网络、电子邮件、微博、电子商务、电话和家庭住址等信息，大数据分析使"黑客"的攻击更加精准。此外，"黑客"可能会同时控制上百万台傀儡机，利用大数据发起僵尸网络攻击。

面对大数据所带来新的安全问题，有针对性地更新安全防护手段，增加新型防护手段，混合生产数据和经营数据，多种业务流并行，增加特征标识建设内容，增强对数据资源的管理和控制，是行之有效的方法。

大数据网络的相对开放性使得安全加固策略的复杂性有所降低。在大数据环境下，数据的使用者同时也是数据的创造者和供给者，数据间的联系是可持续扩展的，数据集是可以无限延伸的，上述原因决定了关于大数据的应用策略要有新的变化，并要求大数据网络更加开放。大数据要对复杂多样的数据存储内容做出快速处理，这就要求很多时候，安全管理的敏感度和复杂度不能定得太高。此外，大数据强调广泛的参与性，这将倒逼系统管理者调低许多策略的安全级别。

当然，大数据的大小也影响到安全控制措施能否正确地执行，升级速度无法跟上数据量非线性增长的步伐，就会暴露大数据安全防护的漏洞。

大数据时代已经到来，大数据已经产生巨大影响力，并对我们的经济社会活动带来深刻影响。充分利用大数据技术来挖掘信息的巨大价值，从而实现并形成强有力的竞争优势，必将是一种趋势。面对大数据时代的6种安全挑战，如果我们能够予以足够重视，采取相应措施，将可以起到未雨绸缪的作用。

1.4 认识林业大数据

林业大数据是智慧林业的重要基础和支撑，其指的是与林业相关的海量、多样化的数据集合。这些数据来源极为广泛，不仅包含森林、草原、湿地、荒漠等林草资源数据，还有生态监测、生物多样性、林下经济、林草产业及执法等方面的数据，甚至涵盖气象、生态、物流、金融、旅游等行业外的数据。

1.4.1 智慧林业

智慧林业，是充分借助云计算、物联网、大数据、移动互联网等新一代信息技术，通过感知化、物联化、智能化等手段，塑造出林业立体感知、管理协同高效、生态价值凸显、服务内外一体的全新发展模式。作为智慧地球的关键构成部分，智慧林业无疑是未来林业创新发展的必然选择。它是统领未来林业工作、拓展林业技术应用、提升林业管理水平、增强林业发展质量、促进林业可持续发展的重要支撑与保障。

智慧林业从本质上来说应具备涵盖基础性、应用性、本质性的特征体系。其中，基础性特征包含数字化、感知化、互联化、智能化；应用性特征体现为一体化、协同化；本质性特征则表现为生态化、最优化。也就是说，智慧林业构建于数字化、感知化、互联化、智能化的基础之上，进而达成一体化、协同化、生态化、最优化的发展目标。

伴随全球生态环境问题的日渐严峻以及信息技术的迅猛发展，智慧林业顺势而生。往昔，传统的林业管理方式遭遇众多挑战，诸如资源监测手段存在局限、数据获取不够及时精准、生态系统保护与经济发展难以实现平衡等。

科技的不断进步为林业发展带来崭新机遇。高精度传感器、卫星遥感、大数据分析等技术的涌现，对森林资源进行监测成为现实。与此同时，社会对于生态环境保护的重视程度持续提升，对林业在应对气候变化、维护生态平衡等方面寄予了更高的期望。

为达成林业的可持续发展，提升林业资源的利用效率，保障生态安全，智慧林业作为一种创新的林业管理模式应运而生。它融合了现代信息技术与林业专业知识，致力于推动林业管理朝着智能化、高效化、科学化的方向大步迈进。

1.4.2 智慧林业的关键技术及应用

在全球生态保护和可持续发展的背景下，智慧林业作为现代林业发展的重要方向，依托一系列关键技术，实现了林业管理与保护的创新与升级。

遥感技术是智慧林业中的关键手段之一。通过卫星、飞机等平台搭载的遥感设备，能够大范围、高频率地获取森林的光谱、纹理等信息，从而准确地监测森林面积、植被覆盖度、森林火灾等情况。其宏观且精准的监测能力，为林业资源的清查、动态变化跟踪以及灾害预警提供了可靠的数据支持。

地理信息系统（GIS）在智慧林业中发挥着核心的整合与分析作用。它能够将林业相关的地理空间数据、属性数据以及各类专题数据进行有效整合，构建全面、直观的林业信息数据库。借助强大的空间分析功能，为林业规划、森林资源评估、林地利用管理等提供科学依据和决策支持。

物联网技术的应用实现了对森林环境和生物的实时感知与监测。在森林中部署的各类传感器，如温度、湿度传感器、土壤水分传感器、动植物监测设备等，能够实时采集数据并通过网络传输至数据中心。这使得林业管理人员能够及时了解森林生态系统的细微变化，采取针对性保护和管理措施。

大数据技术在智慧林业中的价值日益凸显。海量的林业数据，包括遥感影像数据、监测数据、管理数据等，通过大数据技术进行存储、处理和分析，能够挖掘出隐藏在数据中的规律和趋势。例如，森林生长模型的建立、生态系统服务功能的评估等，为林业政策的制定和管理策略的优化提供有力的依据。

人工智能技术，特别是机器学习和深度学习算法，在智慧林业中具有广泛的应用前景。例如，利用图像识别技术可以快速准确地识别森林病虫害，利用预测模型可以对森林火灾的发生进行预测，大幅提高了林业灾害的防控能力。

遥感技术、地理信息系统、物联网技术、大数据技术和人工智能技术等关键技术的综合应用，为智慧林业的发展提供了强大的技术支撑。这些技术的不断创新和融合，将进一步推动智慧林业朝着更加智能化、精准化和高效化的方向迈进，为实现林业的可持续发展和生态环境保护做出更大的贡献。

参考文献

国家林业和草原局，2019. 国家林业和草原局关于促进林业和草原人工智能发展的指导意见[J]. 自然资源通讯，23（4）11-14.

贾媛媛，2024. 统而分殊：大数据时代中国式信用权益保护新模式[J]. 行政法学研究（1）：40-51.

马秀麟，邬彤，2020. SPSS数据分析及定量研究[M]. 北京：北京师范大学出版社.

宋智军，2016. 深入浅出大数据[M]. 北京：清华大学出版社.

武小龙，张亚楠，2024. 数字平台赋能乡村治理的底层逻辑及多重限度——基于DIKW模型的解释框架[J]. 电子政务（A）：1-13.

ANDREOTTA J A，2024. Rethinking Informed Consent in the Big Data Age[M]. New York：Taylor & Francis.

ZHANG H，ZHOU Q，2024. Big Data and Electric Mobility[M]. Florida：CRC Press.

第 2 章

云计算、物联网、人工智能与大数据

近年来，产业界不停地提出"工业革命4.0"，本质上就是利用信息化技术促进产业变革的时代，也被称为"智能化时代"。在这个时代，云计算、物联网、人工智能与大数据缺一不可，以及随着5G技术、区块链技术的广泛应用，要求各个行业必须跟上时代的步伐。本章将重点介绍云计算、物联网、人工智能与大数据的特点和关系。

2.1 云计算

云计算（cloud computing）属于分布式计算的一种，与集中式计算相对应。在云计算的早期，其概念相对简单，主要是将巨大的数据计算处理程序分解为众多小程序，通过网络"云"进行任务分发，再利用多部服务器组成的系统处理和分析这些小程序，并合并计算结果，此阶段也称为网格计算。

随着技术的发展，现阶段所提及的云服务已不再局限于简单的分布式计算，而是分布式计算、效用计算、负载均衡、并行计算、网络存储、热备份冗余和虚拟化等多种计算机技术相互融合、演进并跃升的成果。通过这些技术的综合运用，云计算能够在极短时间内（几秒钟）完成对数以万计数据的处理，从而为用户提供强大的网络服务。

2.1.1 云计算在各场景的应用

随着科技的迅猛发展，云计算已然成为企业和组织中不可或缺的重要组成部分。那么，究竟什么是云计算？云计算技术又涵盖哪些内容呢？接下来将从云计算的定义、技术分类、优势以及应用场景等方面予以简述。

云计算是一种借助互联网向客户提供计算资源和服务的模式，实现了资源的高度共享以及按需分配。该模式旨在降低客户在硬件、软件以及运维方面的投入，使其能够全身心地专注于核心业务的创新与发展。在云计算当中，客户能够依据自身需求获取相应的计算、存储以及数据处理能力，而这些资源通常源自虚拟化的数据中心。

云计算在当前热门技术领域中占据重要地位，我国政府高度重视其发展，产业规模增长迅速，应用领域持续拓展。以下是云计算的10个典型应用场景：

①虚拟桌面云　有效解决传统桌面系统的高成本问题，管理员能够对用户桌面环境进行统一管理，适用于大量使用桌面系统的企业。

②云存储系统　化解本地存储管理的缺失状况，降低数据丢失率，整合多种存储设备以提供服务，适合需要管理和存储海量数据的企业。

③开发测试云　攻克开发测试方面的难题，通过Web界面实现预约、部署、管理以及回收环境，构建异构环境并开展压力测试，适用于开发和测试多种应用的组织及企业。

④大规模数据处理云　针对海量数据进行大规模处理，助力企业迅速分析数据以做出决策，工作时在云平台上运行数据处理软件和服务。

⑤IDC云　在原有数据中心的基础上融入云基因，用户不但能够使用虚拟机和存储等资源，还可获取新的服务，如Linode和Rackspace等已发展成熟。

⑥协作云　由云供应商搭建专属云及协作软件，并与用户共享，适合需要协作工具但不愿维护软硬件和支付高额许可证费用的企业与个人。

⑦HPC云　为用户提供定制化的高性能计算环境，避免冲突且能够作为网格计算的支撑平台，适用于普通企业和学校。

⑧云杀毒　在云中安装带有庞大病毒特征库的杀毒软件，对嫌疑数据进行分析以判断是否包含病毒，适合需要捍卫电脑安全的用户。

⑨企业云　适用于需要提升内部数据中心运维水平、使IT服务围绕业务开展的大中型企业，相关产品和解决方案包括IBM、Cisco和VMware等的产品。

⑩游戏云　将游戏部署至云中，存在基于Web的休闲游戏模式以及专为专业游戏设计的模式。

2.1.2　云计算发展历程

从云计算概念的提出，一直到现在云计算的发展，云计算的发展主要经过了4个阶段，这4个阶段依次是电厂模式、效应计算、网格计算和云计算。

①电厂模式阶段　电厂模式就好比利用电厂的规模效应，来降低电力的价格，并让用户使用起来方便，且无须维护和购买任何发电设备。云计算就是这样一种规模，将大量的分散资源集中在一起，进行规模化管理，降低成本，方便用户使用的一种模式。

②效应计算阶段　在20世纪60年代，因计算机设备价格昂贵，一般企业等难以承受，IT界精英产生共享计算机资源的想法。1961年，约翰·麦卡锡在麻省理工学院一百周年典礼上提出"效应计算"概念。其核心是借鉴电厂模式，将分散的计算资源整合为统一平台，供多用户按需共享，使计算机资源像电力一样便捷，并可按量付费使用。但当时IT界尚处初期，强大技术如互联网未诞生，虽有想法，却因技术原因未能实现。

③网格计算阶段　网格计算简单来说了就是化大为小的一种计算，它研究如何把

一个需要非常巨大的计算能力才能解决的问题分成许多小的部分，然后把这些部分分配给许多计算机进行处理，最后把这些计算结果综合起来得到最终结果。网格计算一般是拥有计算能力的节点自发形成联盟，共同解决涉及大规模计算的问题。因此，在商业模式、技术和安全性等方面存在先天的不足，使得其并没有在工程界和商业界取得预期的成功。

④云计算阶段　云计算的核心与效用计算和网格计算非常类似，也是希望IT技术能像使用电力那样方便，并且成本低廉。但与效用计算和网格计算不同的是，现今，随着大数据的发展，在需求方面已经有了一定的规模，同时在技术方面也已经基本成熟。这使得云计算已经逐渐构建了完整的生态系统，成为当今智能化时代的一个显著标志。

2.1.3　云计算的服务模式

云计算是一种基于网络的计算模型，通过共享计算资源，提供按需获取、快速扩展和灵活使用计算资源的能力，其主要有基础设施即服务（Infrastructure as a Service，IaaS）、平台即服务（Platform as a Service，PaaS）和软件即服务（Software as a Service，SaaS）3 种服务模型。

①基础设施即服务　IaaS是云计算的基本服务模型，提供虚拟化的计算、存储和网络资源，用户可租用虚拟机，能自定义配置操作系统等，弹性扩展资源并按需付费，如亚马逊AWS的EC2。

②平台即服务　PaaS是更高级别的服务模型，在IaaS基础上为开发者提供开发和部署应用程序的平台，包括操作系统等，开发者可专注开发，无须关心底层基础架构，具有自动化资源管理和扩展功能，如Google App Engine等。

③软件即服务　SaaS是最高层次的服务模型，提供完整应用程序服务，用户通过网络直接访问，无须安装维护管理基础设施，按订阅模式付费，如Salesforce等。

这3种服务模型在提供的功能、抽象层级和用户责任上有明显区别。IaaS提供基本计算资源，抽象层级较低，用户负责操作系统和应用程序等；PaaS提供开发部署平台，抽象层级介于中间，用户负责应用程序开发；SaaS提供完整应用程序，抽象层级最高，用户只需使用。企业和开发者可根据自身需求选择合适服务模型，IaaS适合需要更大控制权的情况，PaaS适合快速开发部署应用，SaaS适合只需使用应用程序的用户。

2.1.4　云计算的关键技术

云计算的关键技术主要有虚拟化技术、分布式数据存储技术、数据中心联网技术、并行编程技术、体系结构以及自动化部署。接下来将逐一介绍：

（1）虚拟化技术

虚拟化是一种能够更有效地利用物理计算机硬件的过程，是云计算的基础。将各种IT实体资源抽象，转换成另一种形式的技术都是虚拟化技术，如图2-1所示。虚拟化是资源的逻辑表示，其不受物理限制的约束（一个物理主机只能运行一个操作系统，虚拟化则可以运行多个操作系统）。从之前一个硬件设备部署一套操作系统到一个硬件设备部署多个操作系统。

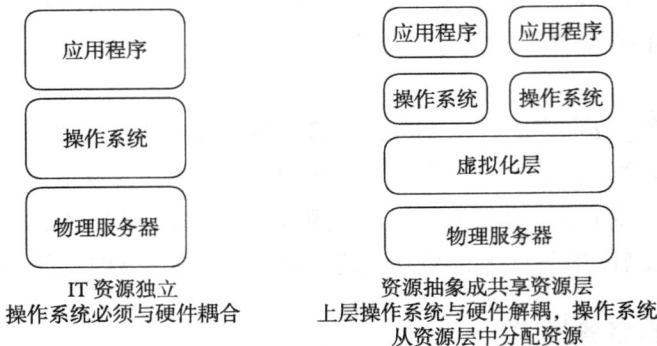

图 2-1　虚拟化技术对比

（2）分布式数据存储技术

将数据存储在不同的物理设备中，这种模式称为分布式存储技术。它摆脱了硬件设备限制，扩展性良好，能快速响应用户需求变化。之前，数据如图2-2（a）集中在一个设备上，该设备若损坏，数据文件可能无法恢复。而分布式存储将数据分布在不同服务器和存储设备上[图2-2（b）]，即便一个设备出故障，也能通过其他方式恢复数据文件。

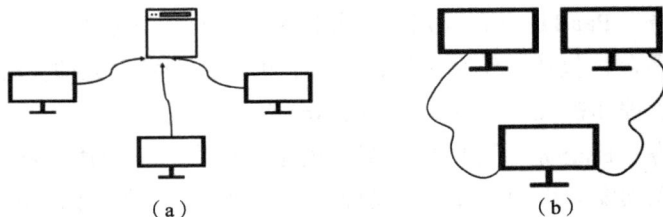

图 2-2　集中式存储与分布式存储示意图

这契合云计算快速高效处理海量数据的优势。在数据爆炸的当今，此技术极为重要。为保证数据资料的高可靠性，云计算常采用分布式数据存储技术，将数据存于不同物理设备。这样不仅可以摆脱物理限制，扩展性更强，还能快速响应和适应用户需求变化。

①云计算的分布式存储与集中式存储差异显著　集中式存储的数据存于一个数据库，易产生瓶颈，难以满足大规模存储应用需求。分布式存储采用并行可扩展模式，多台服务器分担存储负担。

②分布式存储优势明显　高性能，能有效管理读缓存和写缓存，支持自动分级存储，将热点区域数据映射到高速存储以提升响应速度，非热点区域会被移出；支持分级存储，通过网络松耦合连接，允许高速和低速存储分开或混合部署，在复杂业务环境中优势尽显；多副本一致性，与传统存储的RAID模式不同，采用多副本备份机制，

存储前对数据分片，分片后按规则保存；存储系统标准化，随着发展，行业标准化进程推进，优先采用行业标准接口接入。

（3）数据中心联网技术

随着东西向流量（指内部网络或服务网络内部的服务间通信）的增长以及并行计算业务的发展，服务器集群需要协调运算，这会产生大量横向交互流量。虚拟机的自由部署和动态迁移，也使得虚拟机间需要实时同步大量的数据。

在传统数据中心中，每台服务器是独立的。当需要对外提供服务时，大部分流量都是从数据中心外部进入再从内部出去，信息交互主要通过这一台服务器完成，从而产生了大量的南北向流量（指外部网络与内部网络的数据通信）。而在云计算数据中心，情况则有所不同。其以东西向流量为主，南北向流量相对减少。由于存在分布式存储，虚拟机不一定位于某一台特定的物理主机上，虚拟机之间不停迁移，产生动态迁移并同步大量数据，进而导致东西向流量大于南北向流量的情况出现。

相较于传统数据中心，云计算数据中心具有显著优势。云计算数据中心更注重与IT系统的协同优化，在满足需求的前提下，能够实现整个数据中心的最高效率和最低成本。然而，传统数据中心通常只是片面地强调机房的可靠性和安全性。

（4）并行编程技术

在并行编程模式下，并发处理、容错、数据分布、负载均衡等细节都被抽象到一个函数库中，通过统一接口，用户大尺度的计算任务被自动并发和分布执行，即将一个任务自动分成多个任务，并进行处理海量数据。

（5）体系结构

云计算平台体系结构由用户界面、服务目录、管理系统、部署工具、监控和服务器集群组成。

①用户界面　主要用于云用户传递信息，是双方互动的界面。

②服务目录　即提供用户选择的列表。

③管理系统　指主要对应用价值较高的资源进行管理。

④部署工具　能够根据用户请求对资源进行有效地部署与匹配。

⑤监控　主要对云系统上的资源进行管理与控制并制定措施。

⑥服务器集群　服务器集群包括虚拟服务器与物理服务器，隶属管理系统。

（6）自动化部署

自动化部署指基于脚本调节的基础上实现不同厂商对于设备工具的自动配置，用以减少人机交互比例、提高应变效率，避免超负荷人工操作等现象的发生，最终推进智能部署进程。

自动化部署具有诸多优势。首先，它能减少人为错误的发生，毕竟自动化的错误概率很低；其次，自动化部署可以提高部署的可重复性和可靠性，这是因为手动部署过程不仅不可重复也不可靠，往往需要耗费大量时间进行调试和排错；再者，自动化部署能够提高效率，使得可以更快速、频繁地发布新功能和应用，并且在应用部署时无需人工干预。

2.2 物联网

物联网（internet of things，IoT）是指通过各种信息传感器、射频识别技术、全球定位系统、红外感应器、激光扫描器等各种装置与技术，实时采集任何需要监控、连接、互动的物体或过程，采集其声、光、热、电、力学、化学、生物、位置等各种需要的信息，通过各类可能的网络接入，实现物与物、物与人的泛在连接，进而实现对物品和过程的智能化感知、识别和管理。

2.2.1 物联网的起源与历程

在科技飞速发展的今天，物联网已成为我们生活中不可或缺的一部分，它以一种无形却又强大的力量重塑着社会的运转方式和人们的生活模式。然而，这一创新领域并非一蹴而就，而是经历了漫长而富有传奇色彩的演进过程。

物联网的起源可以追溯到20世纪60年代末至70年代初。当时，美国五角大楼为了应对可能的军事危机，着手研究将分散的计算机设备通过网络连接起来，以便在紧急情况下能够实现信息的快速传递和共享。这一早期的尝试虽然规模有限，但其理念为后来物联网的发展奠定了基础。

20世纪80年代，随着微处理器和传感器技术的逐渐成熟，一些工业领域开始探索将物理设备与计算机系统相连接，以实现对生产过程的监控和优化。例如，汽车制造业引入了传感器来监测车辆的性能和故障，这可以被视为物联网在特定行业的初步应用。

进入21世纪，随着互联网的普及和无线通信技术的突破，物联网迎来了重要的发展契机。2005年，国际电信联盟（ITU）正式提出了"物联网"的概念，将其定义为"通过射频识别（RFID）、传感器、全球定位系统、激光扫描器等信息传感设备，按约定的协议，把任何物品与互联网连接起来，进行信息交换和通信，以实现智能化识别、定位、跟踪、监控和管理的一种网络"。这一时期，物联网技术在零售、物流等领域得到了广泛应用，如商品的电子标签跟踪和库存管理。

在随后的几年里，物联网的发展步伐不断加快。云计算、大数据分析和人工智能等技术的融合，为物联网赋予了更强大的功能。物联网不再仅仅是简单的设备连接和数据采集，而是能够通过对海量数据的分析和处理，实现智能决策和自主控制。例如，智能家居系统可以根据用户的习惯自动调节室内温度、照明和家电设备；智能农业可以通过传感器监测土壤湿度、肥力和气象条件，实现精准灌溉和施肥。

近年来，随着5G通信技术的商用化，物联网迎来了新的发展高潮。5G的高速率、低延迟和大容量连接特性，为物联网设备的广泛部署和实时交互提供了有力支持。从智能城市的基础设施建设到医疗健康领域的远程诊断和治疗，物联网的应用场景不断拓展和深化。

展望未来，物联网的发展前景无比广阔。随着技术的不断创新和突破，物联网将在"工业4.0"、能源管理、环境保护等更多领域发挥关键作用，为人类创造更加便捷、高效和可持续的生活。然而，与此同时，物联网也面临着诸如数据安全、隐私保护和标准统一等诸多挑战，需要全球各界共同努力，制定合理的政策和规范，以确保物联网的健康、有序发展。

2.2.2　物联网的主要特征

在信息技术迅猛发展的当下，互联网已全方位、深层次地融入人们的生活以及社会的各个领域，凭借其独有的特质和强大的功能，引发了前所未有的变革。

①高效率　这一特质的核心在于信息传播的效率层面。互联网具备无围墙、无门槛的集聚特性，一旦有信息发布，便能以极快的速度广泛传播，从而被众人迅速知晓。

②高精准度　主要体现在信息传播的靶向特征之中。人们使用互联网的习惯从线下的被动接收信息转为线上的主动搜索信息，如此一来，所发布的信息能够更为精准地传递给目标用户。

③实时便捷　信息的展示不受地域和时空的约束，能够全天候、不间断地呈现。只需拥有一部智能设备，人们就能够随时随地搜索获取自己所需的内容。

④互动联系　其重点聚焦于信息的呈现形式。各类软件、App等信息技术工具的不断开发与涌现，使人与信息（物）、人与人之间的交流和互动更具多样性、灵活性以及全面性。

⑤展现丰富生动　着重指向信息的展示途径、载体以及内容，其形式变得越发丰富多样、充满趣味。

2.2.3　互联网技术的含义与产业体系

在当今数字化时代，互联网技术扮演着至关重要的角色。互联网技术具有3层含义，分别涵盖硬件、软件和应用。

硬件作为第一层，主要囊括了数据存储、处理和传输的主机以及网络通信设备。这些硬件设施构成了互联网技术的基础架构，为信息的处理和传递提供了物理支撑。

软件处于第二层，包含了广泛的种类。既有用于搜集、存储、检索、分析、应用和评估信息的各类软件，如常见的企业资源计划（enterprise resource planning，ERP）、客户关系管理（customer relationship management，CRM）、供应链管理（supply chain management，SCM）等商用管理软件，也涵盖了用于强化流程管理的工作流（workflow，WF）管理软件，以及辅助分析的数据仓库与数据挖掘（data warehouse & data mining，DW/DM）软件等。

应用则是第三层，涉及对各种信息的搜集、存储、检索、分析、应用和评估。这不仅包括直接应用ERP、CRM、SCM等软件以辅助决策，还包括借助其他决策分析模型或DW/DM等技术手段进一步提升分析质量，从而辅助决策者做出更明智的决策。需要明确的是，这些应用旨在辅助而非替代人类决策。

对于互联网技术的理解，存在多种观点。有人将前两层合并，统一视为信息的存储、处理和传输，而将后者视为信息的应用；也有人将后两层合并，划分出前硬后软的格局。然而，通常情况下，第三层的应用尚未得到足够的重视。事实上，只有当信息得到有效应用，互联网技术的价值才能得以充分展现，进而真正实现信息化的目标。需要强调的是，信息化并非最终目的，而是在当下时代背景下实现目标的一种有效手段。

在互联网技术的产业体系中，涵盖了多个环节。基础技术的提供，由IC研发和软件编写的企业如INTEL、MS等担当重任；技术产品化环节，有精英、大众等从事元器件、部件、组件制造；产品集成化方面，联想、IBM等企业在计算机及外设制造领域发挥重要作用；产品系统化领域，华为、HP等致力于提供解决方案和信息系统；产品流通环节，神州数码等负责渠道和销售；产品服务方面，蓝色快车等提供咨询服务和售后服务；产业舆论支持由IT类媒体如 CCW、CCID承担；第三方服务如法律咨询、PR服务等为产业提供配套支持；后备人员培养则依靠各种院校的计算机专业；产业合作组织如各种协会和集会促进了产业的协同发展。

■ 2.3　人工智能

人工智能（artificial intelligence，AI），是新一轮科技革命和产业变革的重要驱动力量，是研究、开发用于模拟、延伸和扩展人的智能的理论、方法、技术及应用系统的一门新的技术科学。

人工智能是智能学科重要的组成部分，它企图了解智能的实质，并生产出一种新的、能以与人类智能相似的方式做出反应的智能机器。人工智能是十分广泛的科学，包括机器人、语言识别、图像识别、自然语言处理、专家系统、机器学习，计算机视觉等。

2.3.1　人工智能的发展历程与展望

1956年夏季，麦卡赛、明斯基、罗切斯特和申农等杰出的年轻科学家相聚一堂，深入研讨并共同探索了用机器模拟智能的一系列关键问题。在此次聚会上，"人工智能"这一术语被首次提出，这一标志性事件宣告了"人工智能"这一新兴学科的正式诞生。

自1956年人工智能学科被明确提出以来，历经五十余载，取得了显著进展，逐步发展成为一门广泛的交叉和前沿科学。人工智能的核心目标在于使计算机这一机器能够具备人类般的思考能力。若要达成制造出能够思考的机器这一愿景，首先必须明晰何为思考，更深入地说，要理解什么是智慧。然而，要界定何种机器才算具备智慧并非易事。科学家们已成功研制出汽车、火车、飞机和收音机等，它们模仿了人类身体器官的部分功能，但能否模仿人类大脑的复杂功能仍是一个巨大的挑战。我们仅知晓大脑这个位于头颅、由数十亿个神经细胞构成的器官，但对其具体运作机制却知之甚少，因此，对其进行模仿堪称世上最为艰巨的任务之一。

随着计算机的出现，人类终于拥有了能够模拟人类思维的工具。此后，众多科学家为此目标不懈努力。时至今日，人工智能已不再是少数科学家的专属领域，全球几乎所有大学的计算机系都有人投身于这一学科的研究，学习计算机的大学生也必须修习相关课程。在众人持之以恒地探索下，计算机如今似乎已变得颇为聪慧。例如，1997 年 5 月，IBM 公司研发的深蓝（Deep Blue）计算机击败了国际象棋大师卡斯帕洛夫（Kasparov）。人们或许未曾留意，在某些领域，计算机已协助人类完成原本专属人类的工作，凭借其高速和精准的特性发挥着重要作用。人工智能始终处于计算机科学的前沿位置，计算机编程语言及其他计算机软件的发展也得益于人工智能的进步。

2017 年 12 月，人工智能入选"2017 年度中国媒体十大流行语"。2019 年 3 月 4 日，十三届全国人大二次会议举行新闻发布会，大会发言人张业遂表示，已将与人工智能密切相关的立法项目列入立法规划。《深度学习平台发展报告（2022）》指出，伴随技术、产业、政策等各方面环境的成熟，人工智能已跨越技术理论积累和工具平台构建的储备阶段，步入以规模应用与价值释放为目标的产业赋能黄金十年。2021 年 9 月 25 日，为推动人工智能健康发展，《新一代人工智能伦理规范》发布。2023 年 4 月，美国《科学时报》刊文介绍了正在深刻改变医疗保健领域的五大领先技术，其中包括可穿戴设备和应用程序、人工智能与机器学习、远程医疗、机器人技术、3D 打印等。2024 年 3 月，文生视频模型 Sora 的推出引发广泛关注。然而，随着人工智能技术的迅速发展，其潜在风险也逐渐显现，真假界限越发模糊。2024 年，谷歌 DeepMind 和斯坦福大学的研究人员推出了一种基于大语言模型的工具——搜索增强事实评估器（search-augmented factuality evaluator，SAFE），用于对聊天机器人生成的长回复进行事实核查。

总之，人工智能在不断发展的同时，也需要我们以审慎的态度应对其带来的挑战，以确保其健康、有序地服务于人类社会。

2.3.2　人工智能的主要特征及其核心技术

在当今科技迅猛发展的时代，人工智能已成为引领变革的重要力量。人工智能具有诸多显著特征，而其背后的核心技术则是实现这些特征的关键支撑。

人工智能的一个主要特征是强大的学习能力。它能够从海量的数据中自动提取有用的信息和知识，通过不断调整模型的参数，以适应新的数据和任务。这种学习能力使得人工智能系统能够不断优化自身的性能，提供更准确和有用的输出。

另一个重要特征是智能决策能力。基于对数据的深入分析和理解，人工智能能够在复杂的情况下做出合理的决策。它能够综合考虑多种因素，权衡利弊，提供具有前瞻性和适应性的决策方案。再者，人工智能具备良好的适应性和灵活性。它可以快速适应新的环境和任务需求，通过调整模型结构和参数，以应对不断变化的情况。而支撑这些特征的核心技术包括机器学习、深度学习和自然语言处理等。

机器学习是人工智能的基础技术之一，它涵盖了监督学习、无监督学习和强化学习等多种方法。监督学习通过已有标注的数据进行训练，以预测未知数据的标签；无监督学习则用于发现数据中的潜在模式和结构；强化学习通过与环境的交互和奖励机制来学习最优策略。

深度学习作为机器学习的一个重要分支，凭借其深度神经网络的架构，在图像识别、语音处理等领域取得了突破性的成果。它能够自动从原始数据中学习到高级的特征表示，大幅提高了模型的性能和泛化能力。

自然语言处理技术使得计算机能够理解和生成人类语言，实现人机之间的自然交流。它包括词法分析、句法分析、语义理解等多个方面，为智能客服、文本自动生成等应用提供了支持。

此外，数据处理和模型优化技术也是不可或缺的。高效的数据采集、清洗、标注和存储，以及对模型的不断优化和调整，对于提高人工智能系统的性能和准确性至关重要。

人工智能的主要特征展现了其强大的功能和潜力，而核心技术则为实现这些特征提供了坚实的基础。随着技术的不断进步和创新，人工智能将在更多领域发挥重要作用，为人类社会带来更多的便利和进步。

2.3.3　人工智能技术的应用

身处科技高速发展的当下，人工智能的身影无处不在。从日常生活到前沿科研，它正以惊人的速度改变着一切，以下便是其在多个方面的具体体现。

（1）自然语言处理

自然语言处理（natural language processing，NLP）是语言学、人工智能和计算机科学的交叉领域，旨在使计算机能够理解、分析和生成自然语言。通过计算机算法，计算机可以对文本或语音输入进行处理和翻译。例如，谷歌翻译（Google Translate）利用 NLP 技术分析句子结构并提供准确的跨语言转换。此外，企业也常利用 NLP 技术来提升客户服务质量，例如 IBM 的自然语言理解（Watson NLU）软件可以分析文本情绪、分类文档内容，帮助企业更好地理解客户需求。

（2）智能机器人

机器人技术结合了工程、计算机科学和人工智能，以创建能够执行特定任务的自动化设备。最早的工业机器人主要用于流水线生产，如汽车制造中的机械臂，可精准焊接和组装零部件。如今，机器人技术已经扩展到医疗、教育和军事等领域。例如，手术机器人达·芬奇（Da Vinci）可以在医生远程操控下进行精细的微创手术，大幅提高手术的精确度和安全性。在家庭领域，如扫地机器人，利用AI识别房间布局并优化清扫路径，提高家务自动化水平。

（3）知觉

机器感知从传感器获取输入并处理推断，用于语音、面部等识别。面部识别通过生物特征映射，与数据库对比。以 Clearview AI为例，为法律机构提供监控并分配信用评分。

（4）自动化处理单线任务

人工智能擅长自动化处理重复性任务，极大提升了工作效率。例如，语音助手方面有苹果公司的Siri和亚马逊公司的Alexa能够理解用户指令，执行任务，如设定提醒、播放音乐或查询天气等。过去，这些操作需要人工完成，既费时又易出错，而现在 AI 可以即时响应。此外，在企业运营中，AI自动化工具可用于处理客户咨询，如在线客服机器人能够识别用户问题并提供精准回复，减少企业人力成本。

（5）数据摄取

数据摄取（data ingestion）指的是将各种来源（如传感器、社交媒体、企业数据库）的非结构化数据转换为可供AI模型分析的格式。例如，营销数据平台Elucify允许企业共享联系人信息，利用AI自动识别潜在客户，为销售团队提供精准的市场分析，从而提高业务效率。

（6）模仿人类认知

人工智能不仅仅是执行任务，还能模仿人类的认知能力，回答客户问题并提供解决方案。例如，聊天机器人被广泛应用于客服领域，如银行和电商网站的在线助手能够理解用户需求，提供账户信息、订单查询等服务。当遇到复杂问题时，AI还能将客户分流至人工客服，以确保服务质量。例如，IBM的沃森（Watson）可帮助企业搭建智能客服系统，提高客户体验并降低运营成本。

（7）量子计算

量子计算与人工智能结合，有望解决传统计算机难以处理的复杂问题。例如，谷歌AI Quantum研究团队开发的量子计算机Sycamore仅用200s就完成了经典超级计算机需要1万年才能完成的计算任务。这种突破可应用于分子模拟、优化问题求解以及加密技术，使AI在科学研究和工程计算领域发挥更大作用。

（8）云计算

云计算为人工智能提供强大的计算能力和存储资源，使AI模型能够高效处理海量数据。例如，微软Azure AI平台允许企业部署AI模型，利用云端存储和计算资源，实现自动化数据分析和智能决策。例如，医疗机构可以利用Azure进行医学影像分析，提高疾病诊断的精准度。

（9）伦理基因编辑

人工智能在医疗领域的应用引发了广泛关注，尤其是在基因编辑和精准医疗方面。例如，谷歌Deep Variant算法利用AI解析基因序列，检测DNA变异，为基因治疗提供数据支持。未来，AI可能帮助科学家更有效地筛选基因缺陷，提高罕见病的治疗成功率。然而，基因编辑涉及伦理问题，需要在推动技术进步的同时，确保科学合理地使用。

（10）智能灾难预测系统

人工智能还可以用于自然灾害预测和管理，提高应急响应能力。例如，在 2019年印度应对飓风"法尼"（Fani）时，AI 结合气象数据和历史灾害信息，预测风暴路径，并向受影响地区居民提前发送警报。借助 AI 的精准分析，政府能够有效调配救援资源，减少人员伤亡和财产损失。此外，美国国家航空航天局（National Aeronautics and Space Administration，NASA）也在利用 AI 监测地震活动和火山喷发，帮助科学家更早发现潜在的灾难风险。

人工智能正以前所未有的速度改变我们的生活。从智能助手到医疗健康，从金融科技到自然灾害预警，AI 已成为推动社会进步的重要引擎。理解人工智能的特点和应用，对于个人和企业来说，都是把握未来趋势的重要一步。

2.4 大数据与云计算、物联网、人工智能的关系

大数据、云计算、物联网和人工智能是当今信息技术领域中紧密相关且相互促进的重要概念，它们之间存在着复杂而密切的关系。

2.4.1 大数据与云计算的关系

云计算是大数据处理的基础。云计算提供了强大的计算能力和存储资源，使得大数据的海量数据能够得到有效处理。云计算通过分布式计算、效用计算、负载均衡等技术，将庞大的数据处理任务分解成多个小任务，并通过多台服务器组成的系统进行处理，从而大幅提高了数据处理的速度和效率。

云计算的虚拟化技术使得计算资源、存储资源和网络资源可以按需配置，为大数据的灵活处理提供了可能。云计算为大数据提供了高效的数据处理平台，使得大数据的价值得以充分挖掘和利用。

大数据是云计算的重要应用。大数据是云计算的重要应用之一，没有大数据，云计算就缺少了明确的目标和价值。大数据的采集、存储、处理和分析等各个环节都需要云计算的支持。

2.4.2 大数据与物联网的关系

物联网是大数据的重要来源。物联网通过各种信息传感器、射频识别技术、全球定位系统等装置，实时采集各种物体的信息，并将这些信息传输到云端进行存储和处理。这些信息构成了大数据的重要组成部分。

物联网的广泛应用使得大数据的采集范围更加广泛，数据量更加庞大，为大数据的深入分析和挖掘提供了丰富的数据源。

大数据促进物联网的发展。大数据技术能够对物联网产生的海量数据进行深度分析和挖掘，发现其中的规律和趋势，为物联网的智能化决策提供支持。

通过大数据的分析和预测，物联网可以更加精准地感知和识别物体的状态和行为，

从而实现更加智能化的管理和控制。

2.4.3　大数据与人工智能的关系

大数据是人工智能发展的基础。人工智能系统需要大量的数据作为训练样本，以便识别模式和建立预测模型。大数据为人工智能提供了丰富的数据源，使得人工智能系统能够不断学习和优化，提高自身的性能和准确性。

通过对大数据的处理和分析，人工智能可以发现数据中隐藏的规律和趋势，从而提供更加精准的预测和决策支持。

人工智能促进大数据的挖掘和应用。人工智能技术可以对大数据进行深度学习和分析，发现其中隐藏的复杂关系和模式，从而提取出更有价值的信息。

人工智能的自动化和智能化特性使得大数据的处理和分析过程更加高效和准确，为大数据的广泛应用提供了有力支持。

2.4.4　云计算、物联网与人工智能的关系

云计算为物联网和人工智能提供基础设施。云计算为物联网提供了强大的计算能力和存储资源，使得物联网设备能够实时采集和传输数据，并进行高效处理和分析。

同时，云计算也为人工智能提供了高效的数据处理平台，使得人工智能系统能够不断学习和优化，提高自身的性能和准确性。

物联网和人工智能相互促进。物联网为人工智能提供了丰富的数据源和实时反馈机制，使得人工智能系统能够更加精准地感知和识别物体的状态和行为。

人工智能则通过对物联网数据的深度学习和分析，提高了对物体的智能化管理和控制能力，进一步推动了物联网的发展和应用。

大数据、云计算、物联网和人工智能之间存在着紧密而复杂的关系。它们相互依存、相互促进，共同构成了现代科技的核心和驱动力。

参考文献

黄河燕，史树敏，贾珈，等，2020.人工智能：语言智能处理[M].北京：电子工业出版社.

季凯，2023.数智化时代人工智能驱动高等教育变革研究[D].南京：南京邮电大学.

齐鎏岭，2023.面向物联网的区块链关键问题研究[D].保定：河北大学.

尚凤军，2017.云计算与物联网关键技术研究及应用[M].北京：电子工业出版社.

武志学，2016.云计算导论[M].北京：人民邮电出版社.

张晖，高静，付根利，等，2021.大数据环境下的物联网系统[M].北京：电子工业出版社.

张磊，2023.基于群智能算法的云计算资源管理研究[D].哈尔滨：哈尔滨商业大学.

RIBEIRO F C A，HAGHI K A，2024. Internet of Things（IoT）and wastewater reuse[M].Denmark：River Publishers.

第3章
大数据获取与感知

大数据获取是从各种数据源如传感器、数据库、网络等采集数据，并将采集到的数据进行清洗，最终存储在系统中供进一步分析和处理以获得更高质量的数据；大数据感知则利用数据分析技术和人工智能算法对大量数据进行实时或近实时的监测和分析，并为决策者和相关部门提供数据支持和洞察分析的能力，以提高数据的时效性和准确性。大数据的获取与感知是数据分析和处理的重要一环，其实现了对数据资源使用的较大效益，大幅提升了数据分析和处理的科学性。本章从大数据采集、大数据预处理、大数据感知、大数据处理常用工具4个方面介绍大数据获取与感知的相关知识。

3.1 大数据采集

数据采集（data acquisition，DAQ）是指从传感器和其他待测设备等模拟和数字被测单元中自动采集非电量或电量信号，并将这些信号送到上位机中进行分析和处理的过程。数据采集系统通常结合基于计算机或其他专用测试平台的测量软硬件产品来实现灵活的、用户自定义的测量系统。虽然数据采集系统根据不同的应用需求有不同的定义，但各个系统采集、分析和显示信息的目的却相同。数据采集的目的是测量电压、电流、温度、压力或声音等物理现象，并将这些数据转换为计算机可以处理的形式，以便进行进一步的数据分析、数据挖掘和机器学习等。大数据采集包括3个特点：数据采集以自动化手段为主，尽量摆脱人工录入的方式；采集内容以全量采集为主，摆脱对数据进行采样的方式；采集方式多样化、内容丰富化，摆脱以往只采集基本数据的方式。

3.1.1 大数据的类型

大数据主要来源于数据库数据、系统日志、互联网数据和传感设备数据；它具有与传统数据采集不同的特点，如传统数据来源单一，与大数据相比数据量小，结构单一，主要依赖关系型数据库和并行数据库；大数据来源广泛，数据量巨大，数据类型丰富，包括结构化数据、半结构化数据、非结构化数据等。

①结构化数据　是以表格、行和列的形式组织的数据，通常存储在关系型数据库中。这些数据具有明确定义的模式和结构，例如，数据库中的表格、电子表格中的数据或日志文件中的数据。

②半结构化数据　不像结构化数据那样具有明确定义的模式，但它包含了标记或标签，使得数据可以被更容易地解释和处理。例如，XML、JSON和HTML文件通常属于半结构化数据。

③非结构化数据　是没有明确结构或组织的数据，通常以文本、图像、音频和视频的形式存在。这种类型的数据需要更复杂的处理和分析技术，以提取有用的信息。例如，社交媒体帖子、电子邮件、照片和视频文件。

④时序数据　是按照时间顺序记录的数据，通常包括时间戳以及与时间相关联的一个或多个变量。这种类型的数据常见于传感器数据、日志数据、股票市场数据和气象数据等领域。

⑤空间数据　包括与地理位置相关的信息，通常使用地理坐标系统（如经度和纬度）来表示。这种类型的数据在地理信息系统（GIS）应用中广泛使用，用于地图制图、位置分析和导航。

⑥图数据　以节点和边的形式组织，用于表示实体之间的关系。社交网络、知识图谱和互联网上的网页链接都可以表示为图数据。

⑦文本数据　包括各种文本文档，如文章、评论、新闻和书籍。文本数据分析可以用于自然语言处理（NLP）任务，如情感分析、文本分类和信息提取。

⑧多媒体数据　包括图像、音频和视频等形式的媒体内容。处理和分析多媒体数据通常需要特殊的技术，如图像处理技术和音频处理技术。

这些数据类型可以在大数据分析中相互结合使用，以获得更深入的洞察和信息。处理大数据通常涉及数据清洗、转换、存储和分析，以从中提取有价值的见解和决策支持。

3.1.2　大数据采集的步骤及要点

大数据采集通常包括以下步骤（图3-1）：

①确定采集数据的范围和目的　确定采集数据的时间、地点、数据类型、数据格式、数据量等。

②针对不同的数据来源采用适当的技术　例如，从传感器采集数据可能需要使用物联网技术，从社交媒体采集数据可能需要使用应用程序编程接口（application programming interface，API）。

③设计数据采集和处理流程　包括数据的抽取、转换和加载（Extract、Transform、Load，ETL）。

④确保数据的准确性和完整性　通过对数据进行清洗、去重、格式化等操作来确保数据的质量。

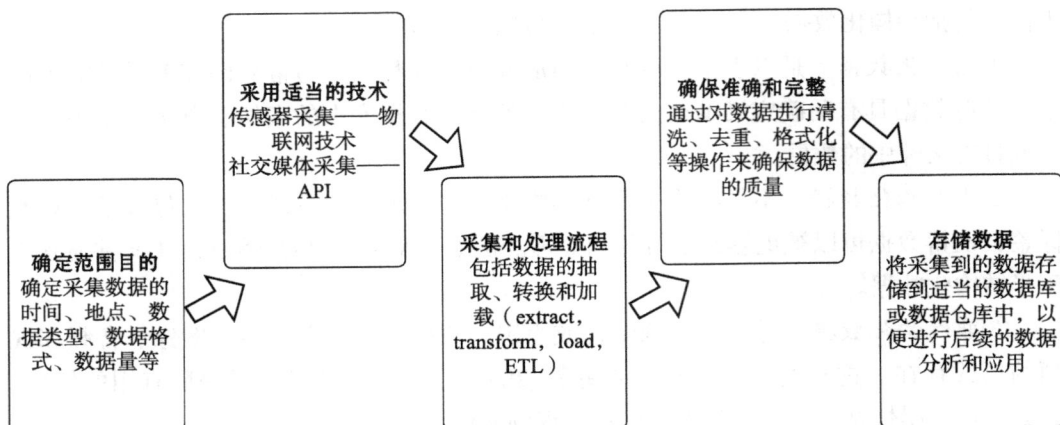

图 3-1　大数据采集步骤

⑤存储数据　将采集到的数据存储到合适的数据库或数据仓库中，以便进行后续的数据分析和应用。

在大数据采集过程当中，根据数据的类型以及应用需求，要注意以下几点：

①全面性　数据量足够具有分析价值，数据面足够支撑分析需求。例如，对于"查看商品详情"这一行为，需要采集用户触发时的环境信息、会话以及背后的用户id，最后需要统计这一行为在某一时段触发的人数、次数、人均次数、活跃比等。

②多维性　数据更重要的是能够满足分析需求。灵活、快速自定义数据的多种属性和不同类型，从而满足不同的分析目标。例如，"查看商品详情"这一行为，通过埋点，我们才能知道用户查看的商品名称、价格、类型、商品id等多个属性。从而知道用户看过哪些商品、什么类型的商品被查看得多、某一个商品被查看了多少次，而不仅仅是知道用户进入了商品详情页。

③高效性　包含技术执行的高效性、团队内部成员协同的高效性以及数据分析需求和目标实现的高效性。也就是说，采集数据一定要明确采集目的，带着问题搜集信息，使信息采集更高效、更有针对性。此外，还要考虑数据的时效性。不同应用领域的大数据，其特点、数据量、用户群体均不相同。不同领域根据数据源的物理性质及数据分析的目标须采取不同的数据采集方法。通过了解数据采集的3大要点，选择全面、准确、高效的数据合作伙伴至关重要。

④数据质量　确保数据的准确性、完整性和可靠性，并进行必要的数据清洗和去重处理。

⑤数据安全与隐私保护　在采集过程中，需要采取加密、脱敏等技术手段来保护数据安全和隐私。

3.1.3　大数据采集的方法

对于不同的数据类型和数据来源，应该采用具有针对性的数据采集方法。

（1）系统日志采集

系统日志采集主要是收集公司业务平台日常产生的大量日志数据，供离线和在线的大数据分析系统使用。高可用性、高可靠性、可扩展性是日志收集系统所具有的基本特征。系统日志采集工具均采用分布式架构，能够满足每秒数百兆字节的日志数据采集和传输需求。例如，Web服务器通常要在访问日志文件中记录网站用户的点击、键盘输入、访问行为及其他属性。

（2）网络数据采集

网络数据采集是指通过网络爬虫或网站公开API等方式从网站上获取数据信息的过程。网络爬虫会从一个或若干初始网页的统一资源定位系统（uniform resource locator, URL）开始，获得各个网页上的内容，并且在抓取网页的过程中，不断从当前页面上抽取新的URL放入队列，直到满足设置的停止条件为止。这样可以将非结构化数据、半结构化数据从网页中提取出来，存储在本地的存储系统中。例如，使用爬虫技术批量采集网页数据、新闻等内容可以编写爬虫脚本来分析搜索结果页面的结构，并提取所需的信息，如标题、链接等。

（3）数据库采集

传统企业会使用传统的关系型数据库MySQL和Oracle等来存储数据。随着大数据时代的到来，Redis、MongoDB和HBase等NoSQL数据库也常用于数据的采集。企业通过在采集端部署大量数据库，并在这些数据库之间进行负载均衡和分片，来完成大数据采集工作。例如，可以使用SQL Server的Change Data Capture（CDC）、MySQL的binlog日志或Oracle GoldenGate来实现增量数据的采集，以保持数据的实时性和准确性。

（4）感知设备数据采集

感知设备数据采集是指通过传感器、摄像头和其他智能终端自动采集信号、图片或录像来获取数据。大数据智能感知系统需要实现对结构化、半结构化、非结构化的海量数据的智能化识别、定位、跟踪、接入、传输、信号转换、监控、初步处理和管理等。其关键技术包括针对大数据源的智能识别、感知、适配、传输、接入等。例如，使用气体传感器来监测空气中的污染物含量，使用水质检测仪来监测河流或湖泊的水质状况。

3.2　大数据预处理

数据预处理（data preprocessing）是指在主要的处理之前对数据进行的一些处理。例如，对大部分地球物理面积性观测数据在进行转换或增强处理之前，将不规则分布的测网经过插值转换为规则网的处理，以利于计算机的运算。另外，对于一些剖面测量数据，如地震资料预处理，有垂直叠加、重排、加道头、编辑、重新取样、多路编辑等。

数据预处理是一个更宽泛的概念，涵盖了从原始数据到可供分析使用的高质量数据所需的多个步骤，包括数据清洗、数据集成、数据转换、数据规约等操作。

数据预处理流程图如图3-2所示：

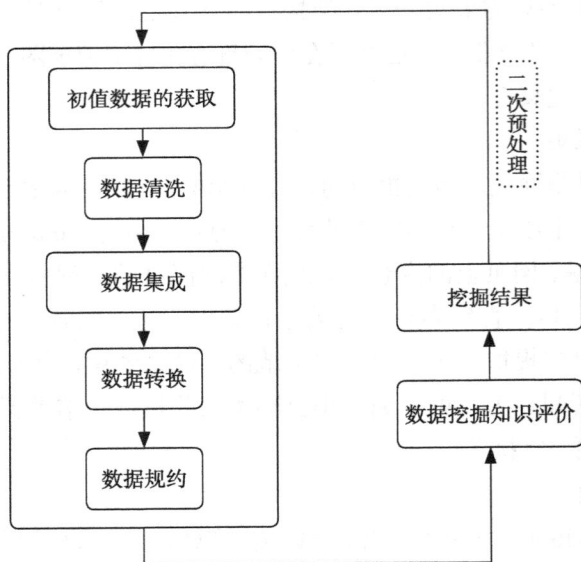

图 3-2　数据预处理流程图

3.2.1　数据清洗

数据清洗（data cleaning）是指发现并纠正数据文件中可识别的错误的最后一道程序，包括检查数据一致性、处理无效值和缺失值等。与问卷审核不同，录入后的数据清洗一般是由计算机而不是人工完成。

数据清洗原理（图3-3）：利用数理统计、数据挖掘等技术，或依托预定义的清洗

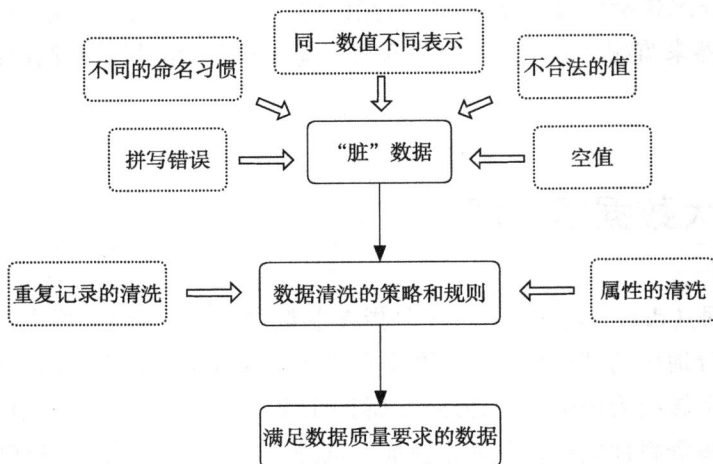

图 3-3　数据清洗原理图

规则，对"脏"数据（如拼写错误、命名不一致、数值表示差异、不合法值、空值等）进行处理。常用策略包括去除重复记录、规范属性取值、修正异常与缺失值。最终产出符合准确性、完整性和一致性要求的高质量数据，为后续分析建模提供可靠基础。

数据清洗的流程主要包括数据分析、定义清洗规则、规则验证、清洗验证、错误处理和干净数据的回流6个步骤。具体操作如下：

①数据分析　对原始数据进行结构、分布与质量评估，识别拼写错误、命名不一致、重复记录、缺失值及异常值等问题。

②定义清洗规则　结合业务需求与数据特点，制定处理重复、统一格式、修正异常值、填补缺失等规则。

③规则验证　通过样本数据测试清洗规则的有效性和可行性，确保不会误删或误改。

④清洗验证　在全量或批量数据上应用规则，监控清洗过程中的日志与中间结果。

⑤错误处理　针对清洗过程中发现的新问题，及时补充或调整规则，并重新执行相关步骤。

⑥干净数据回流　将清洗后的高质量数据存入目标数据库或数据仓库，供后续分析与建模使用。

在数据清洗过程中常会用到的几种清洗方法：数据填充、消除噪声数据、识别离群点、纠正不一致的数据等，下面将对这几种清洗方法进行详细描述。

（1）数据填充

数据填充是用某一可能相关值去填充空缺值，从而获得完整数据的方法。空缺值填充方法主要分为单一填补法和多重填补法。其中，单一填补法是指对空缺值构造单一替代值来填补，常用的方法有取平均值或中间数填补法、回归填补法、最大期望填补法、就近补齐填补等方法。多重填补法是指用多个值来填充，然后用针对完整数据集的方法进行分析，得出综合的结果，比较常用的有趋势得分法等。这类方法的优点在于通过模拟空缺数据的分布，可以较好地保持变量间的关系，其缺点在于计算复杂。数据填充主要是为了防止进行数据分析时，由于空缺值导致的分析结果偏差。但这种填补方法对于填补单个数据，只具有统计意义，不具有个体意义。

（2）消除噪声数据

消除噪声数据指的是去掉数据中的噪声波动，使数据分布平滑。可采用的技术包括分箱、回归和聚类。具体解释见3.2.3节数据变换部分的数据平滑知识点。

（3）识别离群点

离群点是一个观测值，它与其他观测值的差别非常大，以至于怀疑它是由不同的机制产生的。离群点通常指个别数据值偏离预期或大量统计数据值结果时，如果将这些数据值和正常数据值放在一起进行统计，可能会影响实验结果的正确性；如果将这些数据简单地删除，又可能忽略了重要的实验信息。数据中异常值的存在十分危险，对后面的数据分析危害巨大，应该对离群点进行识别，并在分析其产生的原因之后，做适当的处理。常见的离群点清洗方法有基于邻近度的离群点检测、基于密度的离群点检测、基于聚类的离群点检测等。

（4）纠正不一致的数据

一致性检查是根据每个变量的合理取值范围和相互关系，检查数据是否合乎要求，发现超出正常范围、逻辑上不合理或者相互矛盾的数据。例如，用1~7级量表测量的变量出现了0值，体重出现了负数，都应视为超出正常值域范围。SPSS、SAS和Excel等计算机软件都能够根据定义的取值范围，自动识别每个超出范围的变量值。具有逻辑上不一致性的答案可能以多种形式出现。例如，许多调查对象说自己开车上班，又报告没有汽车；或者调查对象报告自己是某品牌的重复购买者和使用者，但同时又在熟悉程度量表上给了很低的分值。发现不一致时，要列出问卷序号、记录序号、变量名称、错误类别等，便于进一步核对和纠正。

3.2.2 数据集成

数据集成（data integration）是把不同来源、格式、特点性质的数据在逻辑上或物理上有机地集中，从而为企业提供全面的数据共享。在企业数据集成领域，已经有很多成熟的框架可以被利用。通常采用联邦式、基于中间件模型和数据仓库等方法来构造集成的系统，这些技术在不同的着重点和应用上解决数据共享和为企业提供决策支持。

联邦数据库系统（FDBS）由半自治数据库系统构成，相互之间分享数据，联盟各数据源之间相互提供访问接口，同时联盟数据库系统可以是集中式数据库系统或分布式数据库系统及其他联邦式系统。在这种架构下，通常将其又分为紧耦合和松耦合两种情况，紧耦合提供统一的访问模式，一般是静态的，在增加数据源上比较困难；而松耦合则不提供统一的接口，但可以通过统一的语言访问数据源，其中核心的是必须解决所有数据源语义上的问题。

中间件模式通过统一的全局数据模型来访问异构的数据库、遗留系统、Web资源等。中间件位于异构数据源系统（数据层）和应用程序（应用层）之间，向下协调各数据源系统，向上为访问集成数据的应用提供统一数据模式和数据访问的通用接口。各数据源的应用仍然完成它们的任务，中间件系统则主要集中为异构数据源提供一个高层次检索服务。中间件模式是比较流行的数据集成方法，它通过在中间层提供一个统一的数据逻辑视图来隐藏底层的数据细节，使得用户可以把集成数据源看作一个统一的整体。这种模型下的关键问题是，如何构造这个逻辑视图并使得不同数据源之间能映射到这个中间层。

数据仓库是在企业管理和决策中，面向主题的、集成的、与时间相关的和不可修改的数据集合。其中，数据被归类为广义的、功能上独立的、没有重叠的主题。这几种方法在一定程度上解决了应用之间的数据共享和互通的问题，但也存在以下的异同：联邦数据库系统主要面向多个数据库系统的集成，其中数据源有可能要映射到每一个数据模式，当集成的系统很大时，对实际开发将带来巨大的困难。数据仓库技术则在另外一个层面上表达数据之间的共享，它主要是为了针对企业某个应用领域提出的一种数据集成方法，也就是我们在上面所提到的面向主题并为企业提供数据挖掘和决策支持的系统。

在数据集成过程中，需要考虑解决以下几个问题。

①模式集成问题　指如何使来自多个数据源的现实世界的实体相互匹配，这其中涉及实体识别问题。例如，如何确定一个数据库中的"custom_id"与另一个数据库中的"custome_number"是否表示同一实体。

②冗余问题　是指在数据存储或传输过程中，出现了重复、多余或不必要的部分，导致资源的浪费和数据管理的复杂性增加。冗余问题在数据库和数据集成中尤为突出，可能会影响数据的完整性和一致性。在数据集成过程中，进行数据清洗和去重是解决冗余问题的关键步骤。通过比较和合并重复的记录，可以确保数据的一致性和准确性。例如，使用哈希算法和相似度匹配技术来识别和合并重复的记录。

③数据值冲突检测与消除问题　是数据集成中的另一个问题。在现实世界实体中，来自不同数据源的属性值或许不同。产生这种问题的原因可能是表示、比例尺度或编码的差异等。例如，重量属性可能在一个系统中以公制单位存放，而在另一个系统中以英制单位存放。属性也可能在不同的抽象层，其中属性在一个系统中记录的抽象层可能比另一个系统中相同的属性低。

3.2.3　数据转换

数据转换（data transfer）是将数据从一种表现形式变为另一种表现形式的过程。数据转换包含以下处理内容。

（1）平滑处理

数据平滑处理指的是去掉数据中的噪声波动使得数据分布平滑。可采用的技术包括分箱、回归和聚类。

①分箱　通过考察数据在一个领域范围内的值来平滑有序数据的值。有序值分布到一些"桶"或"箱"中。由于分箱技术考察近邻的值，因此适合进行局部平滑。

②回归　用回归函数来拟合数据，用回归值进行数据平滑。如果数据中存在两个变量由线性关系，则通过线性回归拟合两个变量，然后采用一个变量来预测另一个。多元线性回归是线性回归的扩展，涉及的属性多于两个，并且将数据拟合到一个多维曲面，对数据进行平滑。

③聚类　可以通过聚类检测离群点，将类似的值组织成"群"或"簇"。直观地，落在簇集合之外的值视为离群点。将这些簇内的数据进行不同的平滑。

（2）合计处理

对数据进行总结或合计操作。例如，每天的数据经过合计操作可以获得每月或每年的总额。这一操作常用于构造数据立方或对数据进行多粒度的分析。

（3）数据泛化处理

用更抽象（更高层次）的概念来取代低层次或数据层的数据对象。例如，街道属性可以泛化到更高层次的概念，如城市、国家；数值型的属性，如年龄属性，可以映射到更高层次的概念，如青年、中年和老年。

（4）数据归一化处理

数据的归一化处理是把数据变为[0，1]之间的小数，主要特点是把数据映射到0~1范围之内处理，更加便携快速。这样可以把有量纲表达式变为无量纲表达式，称为纯量。归一化处理是为了消除不同数据之间的量纲，方便数据比较和共同处理。例如，在神经网络中，归一化处理可以加快训练网络的收敛性。而标准化是为了方便数据的下一步处理而进行的数据缩放等变换，并不是为了方便与其他数据一同处理或比较，例如，数据经过0—1标准化后，更利于使用标准正态分布的性质，从而进行相应的处理。使用这个方法需要注意的是，如果想将数据映射到应用[0，1]，则数据都应该大于等于0，小于0的数据将被映射到[-1，0]区间上，即并非所有数据标准化的结果都会映射到[0，1]区间上。

（5）属性构造处理

属性构造处理是根据已有属性集构造新的属性，以帮助数据处理的过程。例如，根据宽、高属性，可以构造一个新属性（面积）。构造合适的属性能够减少学习构造决策树时出现的碎块情况。此外，属性结合可以帮助发现所遗漏的属性间的相互联系，而这在数据挖掘过程中是十分重要的。

3.2.4　数据归约

数据归约（data reduction）是指在尽可能保持数据原貌的前提下，最大限度地精简数据量（完成该任务的必要前提是理解挖掘任务和熟悉数据本身内容）。

数据归约主要有两个途径：属性选择和数据采样，分别针对原始数据集中的属性和记录。

数据归约可以分为3类，分别是特征归约、样本归约、特征值归约。

（1）特征归约

特征归约是将不重要的或不相关的特征从原有特征中删除，或者通过对特征进行重组和比较来减少个数。其原则是在保留甚至提高原有判断能力的同时，减少特征向量的维度。特征归约算法的输入是一组特征，输出是它的一个子集。包括3个步骤：

①搜索过程　在特征空间中搜索特征子集，每个子集称为一个状态由选中的特征构成。

②评估过程　输入一个状态，通过评估函数或预先设定的评价标准，输出一个评估值，搜索算法的目标是使该评估值达到最优。

③分类过程　使用最后的特征集完成最后的算法。

（2）样本归约

样本归约就是从数据集中选出一个有代表性的子集作为样本。子集大小的确定要考虑计算成本、存储要求、估计量的精度以及其他一些与算法和数据特性有关的因素。样本都是预先知道的，通常数目较大，质量高低不等，对实际问题的先验知识也不确定。原始数据集中最大和最关键的维度数就是样本的数目，也就是数据表中的记录数。

（3）特征值归约

特征值归约是特征值离散化技术，它将连续型特征的值离散化，使之成为少量的区间，每个区间映射到一个离散符号。其优点在于简化了数据描述，并易于理解数据和最终的挖掘结果。

特征值归约分为有参和无参两种。有参方法是使用一个模型来评估数据，只需存放参数，而不需要存放实际数据，包含回归和对数线性模型两种。无参方法的特征值归约有3种，包括直方图、聚类和选样。

对于小型或中型数据集来说，一般的数据预处理步骤已经可以满足需求。但对大型数据集来讲，在应用数据挖掘技术以前，更可能采取一个中间的、额外的步骤，即数据归约。步骤中简化数据的主题是维归约，主要问题是是否可在没有牺牲成果质量的前提下，丢弃这些已准备好的和预处理的数据，能否在适量的时间和空间中检查已准备的数据和已建立的子集。

对数据的描述、特征的挑选、归约或转换决定了数据挖掘方案的质量。在实践中，特征的数量可达到数百万计，如果我们在对数据进行分析的时候，只需要上百条样本，就需要进行维度归纳，以挖掘出可靠的模型；另外，高维度引起的数据超负，会使一些数据挖掘算法不实用，唯一的方法也就是进行维度归纳。在进行数据挖掘准备时进行标准数据归约操作，计算时间、预测／描述精度和数据挖掘模型的描述将让我们清楚地知道这些操作中将得到和失去的信息。

数据归约的算法特征包括可测性、可识别性、单调性、一致性、收益增减、中断性、优先权7条。

3.3 大数据感知

大数据感知是指利用大数据技术和方法，通过采集、存储、处理和分析海量的数据，实时感知社会、经济、环境等多个领域的动态信息，并为决策者和相关部门提供数据支持和洞察分析的能力。这种能力允许企业和组织从大量复杂的数据中提取有价值的信息，从而更好地理解市场趋势、消费者行为、竞争对手状况等，进而做出更科学和智能的决策。

它通常涉及先进的数据采集技术，如传感器、摄像头、卫星遥感等，用于收集各种类型和来源的数据。这些数据随后通过云计算、机器学习、数据挖掘等算法和技术进行统一处理和分析，以提取有用的信息和知识。其广泛应用于城市管理、环境保护、交通运输、金融风控等领域。例如，在城市管理中，大数据感知可以实时监测城市交通情况、环境污染程度、人流密集度等，为城市规划、交通调度、环境治理等方面提供决策支持。

大数据感知的优势在于能够提供更准确、更全面的数据支持和洞察分析，为决策者提供更科学、更智能的决策依据。然而，这一过程也面临着数据隐私、数据安全、算法失灵等一系列挑战，需要各方共同努力解决。

随着大数据技术和应用的不断发展，大数据感知将越来越多地运用到各个行业和领域。未来的大数据感知技术将实现更高效、更精准的数据采集和分析，推动更多的决策智能化和精细化。

3.3.1 传感器技术

大数据的采集和感知技术的发展是紧密联系的。以传感器技术为基础的感知能力提升同样是物联网发展的基石。

传感器是一种检测装置，它能感受到被测量的信息，并能将感受到的信息按一定规律变换成电信号或其他所需形式的信息输出，以满足信息的传输、处理、存储、显示、记录和控制等要求。随着物联网技术的不断发展，传感器已成为采集物理环境信息的重要途径。传感器种类繁多，包括温度、湿度、光、电流、压力、振动、声音、天气和距离等类型。

传感器通常通过有线或无线网络将采集的数据传输到数据处理中心。有线传感器网络通过网线收集传感器信息，适用于易于部署和管理的场景，例如，视频监控系统，利用非屏蔽双绞线连接设备，实现对交通、公共安全等方面的集中监控。无线传感器网络则利用无线技术构建自组网，适用于环境监控、水质监控等领域。这些传感器节点通常由电池供电，部署后通过基站进行数据管理与传输。

常用的林业传感器主要有温度传感器、温湿度传感器以及光电传感器等。

（1）温度传感器

温度传感器有热敏电阻、DS1820等（图3-4），能感应温度变化并将其转换为可读电信号。热敏电阻因其灵敏性和快速响应特点，常用于温度控制和设备过热保护等场景。然而，它们的阻值与温度的关系通常呈非线性，可能影响精度。DS1820则使用单总线数字接口，具有高精度（±0.5℃）和低功耗优势，适用于智能家居和物联网等长期工作的应用。

（2）温湿度传感器

温湿度传感器集成了湿敏和热敏元件，广泛应用于林业气象监测、农业生产等领域。如DHT11（图3-5）具有高性价比和优化的参数，采用单线制串行接口，支持长达20m的信号传输，适合各种环境监测需求。

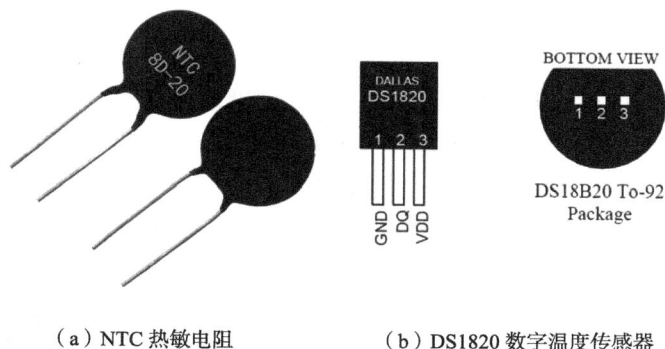

（a）NTC 热敏电阻　　　　　　（b）DS1820 数字温度传感器

图 3-4　热敏电阻和 DS1820 数字温度传感器

图 3-5　DHT11 温湿度传感器　　　　　**图 3-6　光电感烟探测器**

（3）光电传感器

光电传感器通过光电效应将光信号转换为电信号，具有响应快速、精度高、非接触式测量等特点。常用于检测光强、位移、振动等物理量，广泛应用于工业自动化和机器人领域。例如，光电感烟探测器（图3-6）利用烟雾改变光的传播特性，广泛用于火灾监测，以减少火灾损失。

3.3.2　无人机数据采集

无人机数据采集是指使用无人机搭载各种传感器和摄像头，在空中执行预定的飞行任务，以收集地面或大气中的数据。这些数据可以包括普通图像，多光谱、高光谱、雷达等信息，广泛应用于地理测绘、环境监测、农业、林业、灾害评估和搜索救援等领域。

雷达（radar）是"无线电探测和测距"（radio detection and ranging）的缩写，通过发射电磁波并接收回波来获取目标的距离、速度、方位和高度等信息，因而被称为"无线电定位"。它是电子探测设备的重要组成部分，常用于无人机在复杂环境中的目标定位和数据采集任务。

多光谱数据则通过将光谱信息与空间信息相结合，分析多个波段的光谱特性，以识别物质属性。例如，水体中的浮游生物、叶绿素和污染物等不同成分在光谱响应上的差异，可通过多光谱技术进行识别和定量分析。

高光谱数据是一种更先进的多光谱技术，它能够获取更细的光谱分辨率和更高的空间分辨率，同时对物体或场景的光谱信息和空间信息进行高精度测量和分析。高光谱数据通常包含数百个到数千个波段，每个波段对应非常窄的光谱范围。其特点是具有更高的光谱分辨率和空间分辨率，能够提供更丰富的物体或场景的光谱信息。这些信息可以用于识别和分类更细微的物质，以及更准确地获取物体或场景的特性和属性。

iSpecHyper-VM系列多旋翼无人机高光谱成像系统是一款由莱森光学（LiSen Optics）开发的小型多旋翼无人机机载高光谱成像系统。该系统由高光谱成像相机、稳定云台、机载控制与数据采集模块以及机载供电模块等组成，创新采用内置或外置扫描和增稳系统，解决了小型无人机因震动导致的成像质量问题。其高光谱分辨率和卓越的成像性能，结合定制化高性能稳定云台，可有效降低飞行过程中抖动对图像清晰度的影响。

此外，iSpecHyper-VM系统与大疆M300RTK/M600 Pro无人机完美适配，支持多种无人机平台及配件升级，能够满足农业、林业、水环境等行业的多样化需求。其核心功能包括自动靶标识别、实时光谱曲线显示、目标光谱动态识别、自动反射率计算等，并可通过遥控器和地面平台实时监控飞行器采样点及航线规划。辅助相机支持动态实时监控拍摄效果，并可生成单波段图像、真假彩色图像等，为教育科研、智慧林业、目标识别及军事领域提供高性价比解决方案。

3.4 大数据处理常用工具

在大数据时代背景下，大数据的来源多种多样，如何从大数据中采集到有用的信息是大数据发展的最关键问题。大数据采集是大数据产业的基石，是大数据的核心技术之一。为了提高采集大数据的效率，依据采集环境及数据类型选择适当的大数据采集方法及平台至关重要。下面是一些常用的大数据采集平台和工具。

3.4.1 Flume

Flume是Cloudera提供的一个高可用的、高可靠的、分布式的海量日志采集、聚合和传输的系统。其设计的原理基于将数据流，如日志数据，从各种网站服务器上汇集起来存储到Hadoop分布式文件系统（hadoop distributed file system，HDFS）、HBase等集中存储器中。Flume是近年来各行业信息领域使用较为频繁的数据采集系统，是一种分布式日志采集、处理、集合、传输系统，具有可靠性高、采集效率高、扩展性强、管理方便的特点。

Flume采用了分层架构（图3-7），由 Agent、Collector和Storage 3层组成。其中，

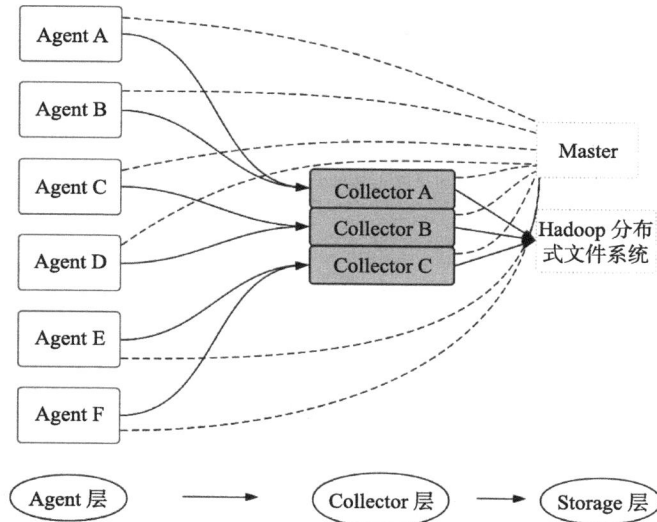

图 3-7 Flume 分层架构

Agent和Collector均由两部分组成：Source和Sink。Source是数据来源，Sink是数据去向。

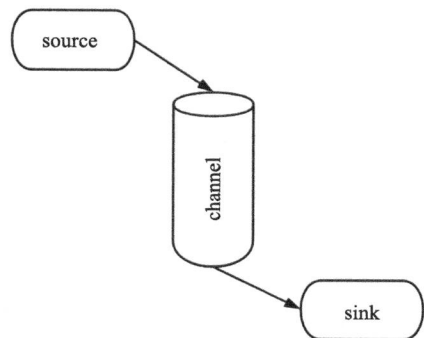

图 3-8 Agent 结构图

Agent是一个Java虚拟机（Java Virtual Machine，JVM）进程，它以事件的形式将数据从源头送至目的地。Agent主要由source、channel、sink 3个组件组成（图3-8）。

①Source 从数据发生器接收数据，并将接收的数据以Flume的event格式传递给一个或者多个通道（channel）。Flume提供多种数据接收的方式，如Avro、Thrift、twitter1%等。

②Channel 是一种短暂的存储容器，它将从source处接收到的event格式的数据缓存起来，直到它们被sinks消费掉，它在source和sink间起着桥梁的作用。channel是一个完整的事务，这一点保证了数据在收发的时候的一致性，并且它可以和任意数量的source和sink链接。其支持的类型有JDBC channel、File System channel、Memort channel等。

③Sink 将数据存储到集中存储器（如HBase和HDFS），它从channals消费数据（events）并将其传递给目标地。目标地可能是另一个sink，也可能是HDFS或HBase。

3.4.2 网络爬虫

网络爬虫是指为搜索引擎下载并存储网页的程序。它能够有效避免搜索引擎检索的效率问题，更加具有技术性、高效性、准确性和针对性。

网络爬虫顺序地访问初始队列中的一组网页链接，并为所有网页链接分配一个优

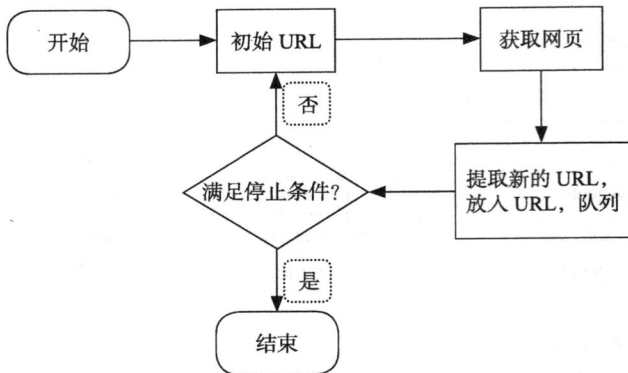

图 3-9　网络爬虫流程图

先级。爬虫从队列中获得具有一定优先级的URL，下载该网页，随后解析网页中所包含的所有URLs，并添加这些新的URLs到队列中。这个过程一直重复，直到爬虫程序停止为止。网络爬虫的流程如图3-9所示。

网络爬虫是网站应用（如搜索引擎和Web缓存）主要的数据采集方式。数据采集过程由选择策略、重访策略、礼貌策略以及并行策略决定。选择策略决定哪个网页将被访问，重访策略决定何时检查网页是否更新，礼貌策略防止过度访问网站，并行策略则用于协调分布式爬虫程序。

在网络爬虫的设计中，考虑到爬取数据的效率和质量，需要关注链接的发现和网页质量评估、深层网络爬取策略和大规模网页爬取效率等方面的研究。目前，链接的发现和网页质量评估的主要技术为链接分析技术，如PageRank、HITS及HillTop等，同时结合网页的主题内容。网络爬虫的效率直接关系到大数据分析和挖掘的整体效率，当前的优化方法包括爬取策略优化和爬虫结构设计优化。

3.4.3　Chukwa

Chukwa是一个开源的用于监控大型分布式系统的数据收集系统。它是构建在 Hadoop的HDFS和map/reduce框架之上的，继承了Hadoop的可伸缩性和健壮性。Chukwa 还包含了一个强大和灵活的工具集，可用于展示、监控和分析已收集的数据。

Chukwa的主要的部件为：

①agents　负责采集最原始的数据，并发送给collectors。

②adaptor　直接采集数据的接口和工具，一个agent可以管理多个adaptor的数据采集。

③collectors　负责收集agents送来的数据，并定时写入集群中。

④map/reduce jobs　定时启动，负责把集群中的数据分类、排序、去重和合并。

⑤HICC　负责数据的展示。

Chukwa架构如图3-10所示：

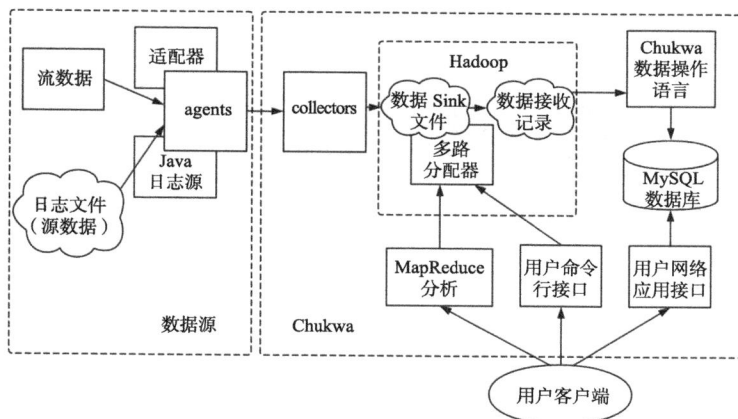

图 3-10　Chukwa 架构

综上，Chukwa通过以上核心组件协同工作，实现了从数据采集、存储、处理到可视化展示的完整流程，充分发挥了Hadoop生态系统的优势，为大规模分布式系统提供了高效、可靠的数据监控与分析能力。

参考文献

林子雨，2020.大数据导论[M].北京：人民邮电出版社.

刘鹏，张燕，付雯，等，2018.大数据导论[M].北京：清华大学出版社.

梅安新，2022.遥感导论[M].北京：高等教育出版社.

梅宏，2023.大数据导论[M].北京：高等教育出版社.

米洪，张鸽，季丹，等，2019.数据采集与预处理[M].北京：人民邮电出版社.

钱洋，姜元春，2020.网络数据采集技术[M].北京：电子工业出版社.

张雪萍，2021.大数据采集与处理[M].北京：电子工业出版社.

张雪萍，杨腾飞，王军峰，等，2021.大数据采集与处理[M].北京：电子工业出版社.

第 4 章
大数据存储与管理

随着大数据时代的到来，需要存储与管理的数据越来越多，数据也呈现越来越复杂的结构。如何对海量数据进行存储和有效管理变得极其重要。本章主要从数据存储与大数据存储的相关概念、数据管理发展历程、并行数据库、NoSQL数据库管理系统、NewSQL数据库管理系统等方面对大数据的存储和管理技术进行详细介绍，旨在帮助读者正确理解大数据存储的核心概念及其应用技术。

4.1 数据存储与大数据存储概述

数据存储是指将数据保存在物理或逻辑存储介质中，以便日后使用。数据存储可以包括文件系统、数据库、数据仓库、数据湖等多种形式。数据存储可以将数据进行持久化保存，以便在未来的时间内进行检索、分析和处理。最常用的数据存储方式有文件存储、块存储和对象存储，每种存储方式针对不同的用途设计。数据存储的容量和能力通常作为软件系统或者数据中心能力的重要衡量指标。

4.1.1 传统的数据存储

传统的数据存储通常指的是使用结构化数据库管理系统（database management system，DBMS）来管理和存储数据的方式。在这种数据存储模式下，数据以表格的形式组织，采用关系型数据库模型，通过结构化查询语言（SQL）进行数据操作和管理。传统数据存储的对象是小规模的数据，涵盖企业的各种数据，包括结构化数据（如关系型数据库中的数据）和半结构化数据（如XML文档）。

（1）传统数据存储的特点

传统数据存储有其显著的特点和局限性，主要体现在数据组织形式、存储方式以及性能表现等方面。以下将从不同维度详细阐述这些特点：

①结构化数据存储　传统数据存储以结构化数据为主，数据以表格形式组织，每个表有固定的列和行，且表与表之间通过关系进行连接。

②数据一致性和完整性　传统数据存储强调数据的一致性和完整性，通过数据约束、事务管理等机制确保数据的正确性和可靠性。

③SQL查询语言　是一种用于管理关系型数据库系统的标准化的查询语言，支持复杂的数据查询和操作，如从数据库中检索数据、插入新数据、更新现有数据、删除数据，以及定义和管理数据库结构等。

④ACID特性　传统数据存储具有原子性（atomicity）、一致性（consistency）、隔离性（isolation）、持久性（durability），以保证数据操作的可靠性和事务的完整性。原子性指一个事务被视为不可分割的最小操作单元，要么全部执行成功，要么全部失败。一致性指事务将数据库从一个一致的状态转变为另一个一致的状态，在事务执行前后，数据库必须保持一致性，即数据库的完整性约束、业务规则等都得到保持，确保数据的正确性和完整性。隔离性指多个事务并发执行时，每个事务的操作应该被隔离开来，不受其他事务的影响。持久性指一旦事务提交成功，其所做的修改将会永久保存在系统中。

⑤数据关系性　传统数据存储强调数据之间的关系和连接，通过主键和外键建立数据的关联，实现数据的整合和共享。

（2）传统数据存储的技术

在传统数据存储中，为了更高效地管理和利用数据，发展出了多种技术手段。这些技术在满足数据存储、查询和管理需求的同时，也为企业和组织的数字化运营提供了基础支持。以下是几项重要的传统数据存储技术：

①关系型数据库管理系统（relational database management system，RDBMS）　一种管理和操作关系型数据库的软件系统，它们采用结构化数据模型，将数据组织成表格（表）的形式，表之间通过键（key）来建立关联。常见的关系型数据库管理系统包括Oracle、MySQL、Microsoft SQL Server、PostgreSQL、SQLite等。这些系统提供了高效的数据存储、检索、管理和安全性控制功能，广泛应用于企业的各种业务应用和网站系统中。

②数据仓库（data warehouse，DW）　一个用于存储和管理大规模数据的系统，用于支持数据分析和决策制定。与传统的关系型数据库管理系统不同，数据仓库通常专注于大规模数据分析，提供了更强大的数据处理能力和性能。常见的数据仓库系统包括Teradata、IBM Netezza、Amazon Redshift等。

③结构化查询语言（structured query language，SQL）　一种用于管理关系型数据库的标准化查询语言，它包含了用于查询和操作数据库中数据的各种语句和命令。SQL查询语言可以用于检索数据、插入数据、更新数据和删除数据等操作，同时也支持复杂的数据操作和处理。

④数据备份和恢复技术　是数据库管理中非常重要的一部分，它涉及对数据库中的数据进行定期备份，以防止数据丢失或损坏。备份可以分为完全备份、增量备份、差异备份等不同类型，通过备份可以实现数据的恢复和灾难恢复。

（3）传统数据存储的应用场景

使用关系型数据库管理系统的传统数据存储通常适用于需要进行标准化报表生成和数据分析的场景，因为这些系统提供了强大的SQL查询功能，能够方便地从结构化数据中提取信息并生成各种报表。同时，关系型数据库管理系统还支持事务处理，确保数据的准确性和一致性。例如以下场景：

①**企业管理系统**　企业管理系统通常涉及大量的业务数据，包括员工信息、客户信息、销售数据、财务数据等。在这种场景下，数据的准确性和一致性至关重要。关系型数据库管理系统能够提供事务处理机制，确保数据的完整性，同时支持复杂的查询操作和数据分析。企业管理系统还需要标准化报表生成功能，关系型数据库管理系统可以存储大量数据，并通过SQL查询语言生成各种报表。

②**金融系统**　金融系统涉及大量的交易数据和客户信息，对数据的安全性和一致性要求非常高。关系型数据库管理系统提供了ACID特性，确保数据操作的正确性和可靠性。金融系统通常需要进行实时交易处理和复杂的数据分析，关系型数据库管理系统可以支持复杂的查询操作和报表生成，满足金融业务的需求。

③**电子商务平台**　电子商务平台需要处理大量的用户订单数据、商品信息和交易记录。在这种场景下，数据的实时性和准确性对用户体验至关重要。关系型数据库管理系统能够提供高度事务性，确保订单处理的准确性和完整性。同时，关系型数据库管理系统还可以支持复杂的数据分析操作，帮助电子商务平台优化营销策略和业务运营。对于规模较小、结构化的数据集，传统数据存储也是一个合适的选择，关系型数据库管理系统能够提供良好的性能和稳定性，同时易于管理和维护。例如Excel表格数据集、CSV文件数据集、JSON数据集等。

总的来说，在需要高度事务性和数据一致性的场景，以及需要进行标准化报表生成和数据分析的场景，传统数据存储（如关系型数据库管理系统）仍然是一种可靠且有效的选择。虽然面临着新兴技术（如NoSQL数据库和大数据平台）的竞争，但传统数据存储在这些特定场景下仍然具有其独特的优势和价值。

4.1.2　大数据存储

随着互联网的普及和信息化程度的提高，各个行业和领域产生的数据量呈指数级增长。传统数据存储系统无法满足这种爆炸性增长的数据存储需求。同时，伴随着物联网、社交媒体、传感器技术等新型数据来源的涌现，数据类型变得越来越多样化，包括结构化数据、半结构化数据和非结构化数据等。传统数据存储系统往往只能处理结构化数据，无法有效处理这些新型数据类型。在这种情况下，能够处理海量数据的存储和分析，进行多种类型的数据处理，并且满足实时数据处理需求的新技术——大数据存储技术，应运而生。

（1）大数据存储的特点

随着数据体量的快速增长和数据类型的多样化，大数据存储系统需要具备比传统存储技术更为复杂的功能和适应性。这些特点使大数据存储成为现代信息技术发展的核心内容。以下是大数据存储系统的主要特点：

①大数据存储系统将允许存储可无限扩展的体量的数据，同时应对高速率的随机写入和读取访问，灵活高效地处理一系列不同的数据模型，同时支持结构化和非结构化数据，还要考虑隐私保护和可能的数据加密。

②大数据存储系统通常通过使用分布式、无共享架构来解决容量不断扩大的挑战。通过扩展提供计算能力和存储的新节点来解决新增的存储需求。

③大数据存储系统需要能精确应对大数据的快速变化和多样性。例如，智能城市中的传感器需要实时监测交通、能源消耗、环境污染等情况，这些物联网设备和传感器产生的数据规模大、数据形式多样且数据更新速度非常快，而这些数据需要实时采集和分析以支持智能决策。

（2）大数据存储的技术

在过去10年中，为了应对数据体量爆炸式增长的需求，以及硬件从纵向扩展到横向扩展方式的转变导致新的大数据存储系统激增，这些系统从传统的关系型数据库转向非关系型数据库。面向大数据存储的非关系型数据库通常会牺牲数据一致性等属性，以便在数据量增加时保持快速查询响应的能力。大数据存储的使用方式与传统关系型数据库管理系统类似，例如，采用在线事务处理（online transaction processing，OLTP）解决方案和数据仓库，其在高效处理大规模的非结构化和半结构化数据时优势明显。下面是常见的应用于大数据存储的相关技术：

①分布式文件系统　分布式文件系统（distributed file system，DFS）或称网络文件系统（network file system，NFS），是一种允许文件通过网络在多台主机上分享的文件系统，可让多机器上的多用户分享文件和存储空间。

②NoSQL数据库　常称为非关系型数据库，是最重要的大数据存储技术。NoSQL数据库和关系型数据库数据模型不同，这些模型不一定遵守ACID的事务属性。NoSQL数据库是为可扩展性而设计的，通常会牺牲一致性。与关系型数据库相比，NoSQL数据库通常使用低层次、非标准化的查询接口，这使得它们更难以集成到需要SQL接口的现有应用程序中。缺乏标准接口使得更换数据库变得比较困难。

③NewSQL数据库　NewSQL是一种新型的关系型数据库，旨在实现与NoSQL数据库相当的可扩展性，同时保持传统关系型数据库系统的事务保证。NewSQL数据库具有以下特征：

·应用程序采用SQL与数据库进行交互。

·事务的ACID支持。

·非锁定并发控制机制。

·提供更高的节点性能的架构。横向扩展、无共享架构，能够在大量节点上运行而不会遇到瓶颈。

（3）大数据存储的应用场景

在大数据存储上的应用场景涉及多个领域，如互联网公司、社交媒体平台、物联网、传感器数据分析，以及复杂数据分析、数据挖掘和机器学习任务等。

①互联网公司、社交媒体平台处理大量用户数据的场景　互联网公司和社交媒体平台通常拥有大量用户，每个用户在平台上产生大量数据，包括个人信息、社交互动、浏览记录、购买行为等。这些数据需要被存储、处理和分析，以提供个性化推荐、广告定位、用户行为分析、社交网络分析等功能。大数据存储技术能够帮助这些平台高效地存储海量用户数据，并通过数据分析提供更好的用户体验和服务。

②物联网、传感器数据分析需要处理实时数据的场景　物联网设备和传感器会产生大量实时数据，如温度、湿度、位置信息等。这些数据需要实时收集、存储和分析，以实现智能监控、预测性维护、实时反馈等功能。大数据存储系统可以支持高速写入和读取，以满足实时数据处理的需求，帮助物联网和传感器系统实现更高效的数据分析和管理。

③复杂数据分析、数据挖掘和机器学习任务的场景　在进行复杂数据分析、数据挖掘和机器学习任务时，通常需要处理大规模数据集，包括结构化数据、非结构化数据、图像、文本等多样化数据类型。大数据存储系统提供了高扩展性和并行计算能力，可以支持分布式数据处理和机器学习模型训练，帮助用户快速处理大规模数据并进行复杂的数据分析和挖掘任务。

④需要存储和分析多样化数据类型的场景　现代应用中常涉及多样化的数据类型，如文本、图像、音频、视频等。这些数据类型通常具有不同的结构和存储需求，需要灵活的数据存储系统来支持多样化数据类型的存储和分析。大数据存储技术提供了多样化的数据存储模型和支持不同数据类型的存储格式，如文档数据库、图数据库、时间序列数据库等，能够满足各种数据类型的存储和分析需求。

综上所述，大数据存储在互联网、社交媒体、物联网、数据分析和机器学习等领域都发挥着重要作用，帮助用户高效地管理、存储和分析海量数据，从而实现更智能化、精准化的应用和服务。

（4）未来大数据存储的发展趋势

随着技术的不断进步和大数据应用场景的日益多样化，大数据存储技术也在向更高效、更智能、更标准化的方向发展。以下几大趋势将对未来的大数据存储产生深远影响：

①NoSQL数据库的使用增加　尤其是图数据库和列式存储越来越多地用作关系型数据库系统的替代或补充。例如，使用语义数据模型以及将数据与许多不同的数据和信息源交叉连接的需求极大地推动了能够使用基于图形的模型存储和分析大量数据的需求。

②内存与面向列的设计使用增加　许多现代高性能NoSQL数据库都基于列式设计。其主要优点是，在大多数实际应用中只需要几列来访问数据。因此，将数据存储在列

中可以更快地访问。此外，面向列的数据库通常不支持连接操作。相反，一种常见的方法是使用单个宽列表，该表基于完全非规范化的列式存储数据。

③标准化查询接口　从中长期的发展看，NoSQL数据库将极大地受益于标准化查询接口，类似于关系型数据库系统的SQL。目前，除了图数据库的事实标准API和SPARQL数据操作语言之外，目前还没有针对单个NoSQL存储类型的标准。目前大部分NoSQL数据库提供自己的声明性语言或API，缺少标准化的声明性语言。虽然对于某些数据库类别（键值、文档等），声明性语言标准化仍然缺失，但业界仍在努力讨论标准化需求。

4.2　数据管理发展历程

从有文字记录开始，人类对自然和社会的认识进程就开始加快。尤其是当人类开始对数据进行有效管理和存储时，人类的认识能力得到了进一步的提升。20世纪30年代，随着工业生产和数据计算的发展，数据管理技术成为一种社会需要。数据管理的核心是对数据实现分类、组织、编码、存储、检索和维护等任务。

数据管理和存储技术从诞生到现在经过不断演变和发展，如今已经有了一套成熟的理论体系，引领了计算机技术的快速发展。数据管理和存储技术中，数据库技术是核心技术。回顾数据管理技术的发展历程，可分为4个阶段：人工管理阶段、文件系统阶段、数据库系统阶段、大数据管理阶段。

4.2.1　人工管理阶段

在计算机出现之前，人们运用纸张等常规的手段对数据进行记录、存储和加工，利用计算工具（算盘、计算尺）进行计算，并且主要使用人的大脑管理和利用这些数据。20世纪50年代中期，计算机主要用于科学计算。当时没有磁盘等直接存取设备，只有纸带、卡片、磁带等外存，也没有操作系统和管理数据的专门软件。数据处理的方式是批处理。该阶段管理数据的特点如下：

①数据不长期保存　该阶段的计算机主要应用于科学计算，一般不需要将数据长期保存，只是在计算某一任务时将数据输入，用完后不保存原始数据，也不保存计算结果。

②无专门数据管理软件系统　程序员不仅要规定数据的逻辑结构，而且要在程序中设计存储结构、存取方式、输入输出方式等。因此，程序中存取数据的子程序随着存储的改变而改变，数据与程序不具有一致性。

③数据无法共享　数据是面向程序的，即使两个程序用到相同的数据，也必须各自定义、各自组织，数据无法共享、无法相互利用和互相参照，从而导致程序与程序之间有大量重复的数据。

④数据不是独立的　在数据的逻辑或物理结构发生变化后，必须相应地修改应用

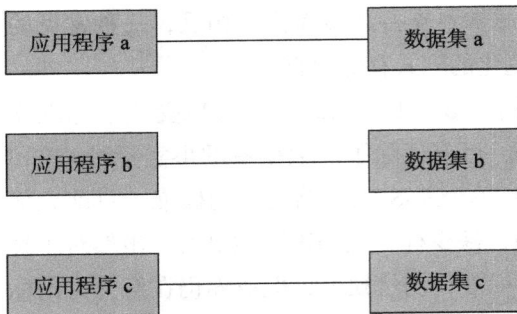

图4-1 应用程序与数据之间——对应关系

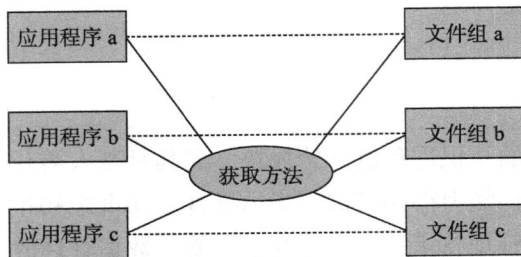

图4-2 文件系统阶段——对应关系

程序。数据完全依赖于应用程序，数据缺乏独立性，如图4-1所示。

4.2.2 文件系统阶段

20世纪50年代后期到60年代中期，随着计算机硬件和软件的发展，磁盘、磁鼓等直接存取设备开始普及，计算机不仅用于科学计算，还大量用于管理、分析社会经济数据。这一时期的数据处理系统是把计算机中的数据组织成相互独立命名的数据文件，并按文件的名字来进行访问，对文件中的记录进行存取。数据可以长期保存在计算机外存上，支持通过文件系统对数据进行反复处理，支持文件的查询、修改、插入和删除等操作。该阶段管理数据的特点如下：

①数据需要长期保存在外存上供反复使用 由于计算机大量用于数据处理，经常对文件进行查询、修改、插入和删除等操作，所以数据需要长期保留，以便于进行反复操作。

②程序之间有一定的独立性 操作系统提供了文件管理功能和访问文件的存取方法（图4-2），程序和数据之间有了数据存取的接口，程序可以通过文件名和数据打交道，不必再寻找数据的物理存放位置。至此，数据有了物理结构和逻辑结构的区别，但此时程序和数据之间的独立性尚不充分。

③文件形式的多样化 由于已经有了直接存取的存储设备，文件不仅有顺序文件，还有索引文件、链表文件等，因而，对文件的访问可以是顺序访问，也可以是直接访问。

④数据共享较差和高冗余 在文件系统中，一个文件（或一组文件）基本上对应一个应用程序，也就是说，该文件仍然是面向应用程序的。当不同的应用程序有一些相同的数据时，它们还必须创建自己的文件，而不是共享相同的数据，因此数据冗余很大，存储空间也会被浪费。同时，由于相同的数据重复存储并单独管理，很容易造成数据不一致，给数据修改和维护带来困难。

⑤数据独立性差 文件系统中的文件为特定应用程序服务，文件的逻辑结构是针对特定应用程序设计和优化的，因此很难向文件中的数据添加一些新的应用程序。

4.2.3 数据库系统阶段

数据库技术是20世纪60年代开始兴起的一门信息管理自动化的学科，是计算机科学中的一个重要分支。随着计算机应用的不断发展，数据库技术的应用越来越广泛。

数据库是长期存储在计算机内，有组织、大量、共享的数据集合。它可以供各种用户共享，具有最小冗余度和较高的数据独立性。数据库管理系统在数据库建立、运用和维护时对数据库进行统一的控制，以保证数据的安全性和完整性，并且在多用户同时使用数据库时进行并发控制，在发生故障后对数据库进行恢复。

（1）数据库系统特点

随着信息技术的迅猛发展，数据库系统已经成为现代数据管理的重要工具。它不仅在传统的数据存储与管理中占据核心地位，还广泛应用于各类企业和组织的业务支持、决策分析以及智能应用开发中。数据库系统在设计上体现出以下几个显著特点：

①数据结构化　是数据库系统的一项核心特性，其显著特点是实现了数据的总体结构化。在文件系统中，尽管文件中的记录具有一定的内部结构，但记录的结构以及记录之间的关系通常被固化在程序中，缺乏灵活性和统一性。相比之下，数据库系统的总体结构化突破了这一局限，不再仅服务于单一应用程序，而是面向整个组织或企业，提供统一的数据组织形式。这种设计方式有效提升了数据的共享性和一致性，为跨部门协作和综合分析提供了强有力的支持。

②数据共享高，冗余低，易于扩展　数据库系统的结构化设计使得数据不仅面向整个系统，还可被多个应用程序共享。这种高共享性减少了数据冗余，并且在需要时，可以轻松添加新的应用程序来访问这些数据。通过这种方式，数据库系统不仅具有灵活性，还具备较强的扩展能力，能够适应不断变化的需求。

③高数据独立性　数据库系统提供了高数据独立性，包括物理独立性和逻辑独立性。物理独立性意味着用户的应用程序与数据的物理存储方式相互独立，应用程序的运行不受数据存储方式变化的影响。逻辑独立性则指应用程序与数据库的逻辑结构相互独立，用户可以在不修改应用程序的情况下对数据的逻辑结构进行调整，从而大幅提高了系统的灵活性和可维护性。

（2）数据模型分类

数据管理是数据库的核心任务，主要涉及对数据的组织、存储、检索和维护等方面的工作。数据模型作为数据库系统的核心，决定了数据库的设计和功能。根据数据类型的不同，数据库可以划分为不同的类型。因此，任何一个数据库管理系统都是基于特定数据模型设计的，这意味着数据库的设计必须符合数据库管理系统支持的相应数据模型。目前，成熟的数据库数据模型主要有层次模型、网状模型和关系模型，它们的根本区别在于数据之间联系的表示方式不同。具体来说：

①层次模型　层次模型通过树状结构表示数据之间的关系。在层次模型中，数据按照父子关系进行组织，形成一个倒立的树形结构。每棵树都有一个唯一的根节点，其余节点为非根节点。每个节点代表一个记录类型，并与实体的概念相对应，而记录类型的字段则对应实体的各个属性。所有的记录类型及其字段都必须被明确记录。

②网状模型　使用有向图来表示实体与实体之间的关系。它可以视为层次数据模型的扩展，通过放宽层次模型的约束，使得节点之间的连接更加灵活。在网状模型中，

节点不再局限于只与一个父节点相连，而是允许一个节点拥有多个父节点，形成一种复杂的$m:n$关系。这种结构消除了层次模型中父子节点的严格限制，允许节点之间有更加多样的关联方式，因此更加适用于表示复杂的关系。

③关系模型　通过表格来表示实体和实体之间的联系。在关系模型中，数据被组织为二维表（或称为关系），其中每行代表一个记录，每列代表该记录的属性。使用关系模型的数据库被称为关系型数据库，它是目前应用最广泛的数据库类型。例如，MySQL就是一种流行的关系型数据库。

4.2.4　大数据管理阶段

随着人工智能、机器学习等技术的不断发展，大数据管理与这些前沿技术相结合，为更广泛的领域带来创新和变革，同时也带来了对大数据管理的挑战。

21世纪初，大数据的概念开始形成，人们逐渐意识到传统数据库和处理方法无法有效应对日益增长的数据量和多样化的数据类型。2005—2010年，随着互联网和移动技术的迅速发展，数据量呈爆炸性增长。同时，诸如Hadoop、Spark等大数据处理技术的出现和发展，使大数据管理进入了快速发展的阶段，大数据分析、数据挖掘等技术逐渐成熟。2010年以后，大数据管理逐渐走向普及和应用，越来越多的企业和组织开始应用大数据技术进行数据管理和分析。

在大数据时代，传统的数据管理方式已经难以满足当前数据处理的需求。大数据管理不仅需要面对海量数据的存储与处理，还须解决多样化数据来源和实时性分析的挑战。其特点集中体现在以下几个方面：

①数据量巨大　大数据管理的最显著特点就是数据量巨大，以至于传统的数据处理方法无法胜任。这种海量数据往往是非结构化或半结构化的，需要特殊的工具和技术来进行有效管理和分析。

②数据多样性　大数据不仅仅是数量上的挑战，更重要的是数据的多样性。大数据管理需要同时处理来自不同来源、不同形式的数据，例如文本、图片、音频、视频等，这也是传统数据库无法胜任的领域。

③实时性要求　随着互联网和物联网技术的发展，很多应用对数据的实时性要求越来越高。大数据管理需要能够快速处理和分析数据，以便及时做出决策和调整。

④数据质量挑战　由于数据量大、数据来源多样，大数据管理面临着数据质量挑战。有效清洗、整合和验证数据质量是大数据管理的重要任务之一。

⑤价值挖掘　大数据管理的最终目的是从海量数据中挖掘有用信息，为企业决策和业务发展提供支持。因此，大数据管理不仅仅是技术层面的挑战，更是如何从数据中提炼出有价值的信息和见解的挑战。

总的来说，大数据管理在不断发展壮大的过程中，面临着诸多挑战和机遇。随着技术的不断进步和应用的深入，大数据管理将继续发挥重要作用，推动科技和商业的发展。

■ 4.3　并行数据库

并行数据库的概念最早可以追溯到1992年，当时David De Witt等人在一篇名为《并行数据库系统：高性能数据库系统的未来》（*Parallel Databases Systems：The Future of High Performance Database Systems*）的论文中提出了这一概念。之后，伴随着计算机科学领域的发展和技术的进步，并行数据库得到了越来越多的关注和研究。

4.3.1　并行数据库概述

并行数据库是新一代高性能数据库系统，它利用计算机系统的多个处理器或核心来提高数据处理能力，以支持大规模、高并发的数据操作。开发数据库操作的时间和空间并行性是当前的研究热点之一。并行数据库技术起源于20世纪70年代对数据库机的研究，希望通过硬件实现关系运算的一些功能。研究主要集中在关系代数运算的并行化和实现关系运算的专用硬件设计上。20世纪80年代后，逐渐转向通用并行计算机的研究。20世纪90年代后，存储技术、网络技术、微机技术和通用并行计算机硬件的快速发展为并行数据库技术的研究奠定了基础。

并行数据库系统的早期研究主要集中在并行数据库的物理组织、操作算法、优化和调度策略等方面。目前，它致力于开发数据操作的时间并行性和空间并行性。关系模型仍然是研究的基础，基于对象模型的并行数据库也是一个重要的研究方向。

（1）并行数据库特点

随着数据量的持续增长和处理需求的复杂化，并行数据库技术成为应对这些挑战的关键解决方案。它通过分布式计算和优化的架构设计，实现了高效的数据存储和处理。并行数据库的特点主要体现在以下几个方面：

①分布式架构　并行数据库将数据分布在多个节点上，每个节点称为一个数据库片段或分区。这使得数据可以并行存储和访问，提高查询速度。

②数据划分　通过哈希、范围或其他策略，数据在各个节点间进行均匀分布，保证了负载均衡。

③并行查询处理　并行数据库能够同时在多个节点上执行查询，通过并行化查询计划，减少了单个查询所需的时间。

④冗余复制　为了容错性强和性能稳定，部分节点可能会保存数据副本，通过复制机制确保数据一致性。

⑤事务管理　并行数据库需要提供透明的并发控制，如两阶段提交等，以维护分布式环境下的数据一致性和隔离级别。

（2）并行数据库可实现的目标

并行数据库系统的主要目的是通过高速通信介质连接多个独立的处理单元，以并行方式完成数据库系统的互连查询、内部查询和各种内部操作，其主要结构如图4-3所示。并行数据库系统应该实现高性能、高可用性、可扩展性和其他目标。

①高性能　通过将数据库管理技术与并行处理技术有机结合，并行数据库系统发挥了多处理器体系结构的优势，从而提供了比相应的大型机系统要求高得多的性价比和可用性。例如，磁盘瓶颈问题可以通过数据库的多个磁盘上的分布式存储和多个处理器对磁盘数据的并行处理来解决。通过开发查询时间并行性（不同查询的并行执行）、查询并行性（同一查询内的子操作的并行执行），以及其他操作内的并行性（子操作的平行执行），可以大幅提高查询效率。

②高可用性　并行数据库系统可以通过数据复制提高数据库的可用性。这样，当磁盘损坏时，仍可以使用其他磁盘上的数据副本，而无需额外开销（与基于日志的恢复不同）。数据复制还应与数据分区技术相结合，以确保系统在磁盘损坏时仍能并行访问数据。

③可扩展性　并行数据库系统的可扩展性是指系统通过提高处理和存储能力来平滑扩展其性能的能力。并行数据库系统具有两个可扩展性优势：线性扩展和线性加速。

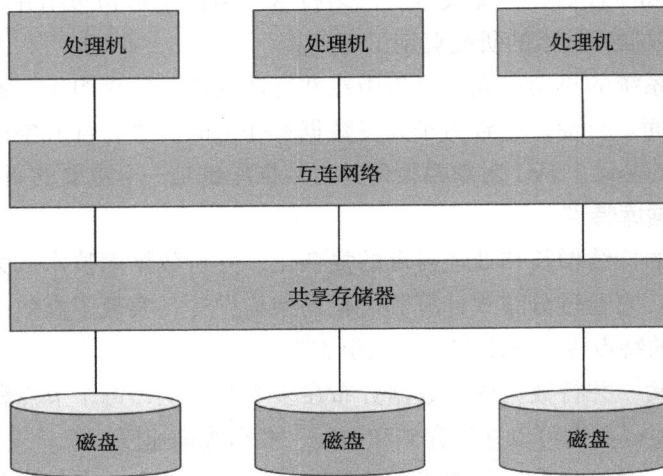

图 4-3　并行数据库的主要架构

4.3.2　并行数据库主要技术

为了提升并行数据库的性能和可扩展性，针对不同场景的需求，出现了多种主要的并行数据库技术架构。这些架构在资源共享方式和通信效率上各有特色，具体包括以下几种：

①共享内存（shared memory，SM）　在共享内存架构中，处理器和磁盘可以通过总线或互联网访问公共内存，也就是说，所有资源都是共享的。处理器之间的通信可以通过共享内存进行，这比通过通信机制进行通信要快得多。32或64个节点内的并行算法加速效果良好。在32或64个节点之后，扩展是不好的，因为所有资源都是共享的，

总线或互联网成为瓶颈。将处理器节点的数量增加到这一点之外是没有用的，因为处理器必须花费更多的时间等待总线以及访问内存和磁盘。

②共享磁盘（shared disk，SD）　共享磁盘是指所有处理器都可以通过总线或互联网直接访问磁盘，但每个处理器都有自己的专用内存。因此，存储器总线不会成为瓶颈，它提供了一定的容错能力。如果处理器或其内存出现故障，其他处理器可以接管其任务，因为数据库位于所有处理器都可以直接访问的磁盘上。磁盘子系统本身的容错问题可以通过使用RAID来解决。尽管没有内存共享，但共享磁盘仍然成为SD系统可扩展性的障碍，共享磁盘子系统的互连成为性能可扩展的瓶颈。SD不能解决可扩展性问题，只能缓解SM系统的可扩展性问题。

③无共享资源体系结构（shared nothing architecture，SN）　在无共享资源结构中，每个节点由一个处理器、内存和一个或多个磁盘组成，处理器之间通过高速互联网进行通信。SN结构克服了SD结构必须通过总线执行I/O操作，并且只能通过网络访问非本地磁盘的缺点。SN架构具有良好的可扩展性，有些甚至可以扩展到成千上万个节点，但通信成本和非本地磁盘的访问成本昂贵。

④层次体系结构（hierarchical architecture，HA）　层次体系结构结合了SN、SM和SD架构的特点，层次结构基于SN架构，但每个节点可以是SM架构也可以是SD架构。在这种架构中，代码编写非常复杂。

4.3.3　并行数据库的主要应用场景

并行数据库系统通过分布计算和存储任务来提高性能和可伸缩性，主要适用于处理大规模数据集和复杂查询。这类系统在多个领域中都有重要应用，以下是几个典型的应用场景：

①并行数据库广泛应用于数据仓库和商业智能（BI）系统中，帮助企业处理和分析海量数据。通过并行处理，可以更快地执行复杂查询和报表生成，从而支持企业的决策过程。

②在处理如Hadoop、Spark等大数据框架生成的数据时，并行数据库能够处理海量数据集，为数据科学和分析任务提供支持，包括数据挖掘、预测分析等。

③科学研究中涉及大量数据和复杂计算的任务，通常需要高性能计算能力。并行数据库在生物信息学、气象预测、物理模拟等领域发挥着重要作用，通过并行处理大幅度缩短计算时间。

④银行、证券交易等领域需要处理大量实时交易，并行数据库通过分布式架构支持高吞吐量、低延迟的在线事务处理系统，确保金融服务的可靠性和效率。

⑤内容分发网络需要高效管理和分发大量的多媒体内容（如视频、图片等），并行数据库通过数据分片和并行处理，支持大规模数据的快速传输和分发。

▨ 4.4 NoSQL 数据库管理系统

NoSQL（Not only SQL）一词最早出现于1998年。当时，Carlo Strozzi提出："要找到存储和检索数据的新高效途径，而不是在任何情况下都把关系型数据库当作万金油。"因此，他开发了一个轻量、开源、不提供SQL功能的数据库，并将其命名NoSQL。

作为新形势下出现的一种非关系型数据库的总称，NoSQL用全新的存储方式，简化了数据交互，减少了编写、调试的代码量，对海量数据实现了高效存储和高效访问。同时，它的免费开源也降低了企业的运营成本，Google、Facebook、Twitter和Amazon等知名公司都开发和使用NoSQL来解决海量数据存储问题。

4.4.1 NoSQL 概述

NoSQL泛指非关系型数据库，最初是为了满足互联网的业务需求而诞生的。在信息化时代，互联网数据增长迅速，呈现大量化、多样化和快速化等特点，数据集合规模已实现从GB、PB到ZB的飞跃。这些数据不仅仅有传统的结构化数据，还包含了大量的非结构化数据和半结构化数据，而关系型数据库无法较好地处理大数据时代高并发读写、多结构化数据存储等场景。因此，很多互联网公司着手研发新型的、非关系的数据库，这类非关系型数据库统称为NoSQL数据库。

NoSQL数据库旨在满足云计算的要求。它突破了传统关系型数据库在规模、性能、数据模型和数据分布方面的局限性。NoSQL数据库以与关系型数据库不同的方式存储、分发和获取数据。它具有以下特点：

①非结构化数据存储　NoSQL数据库采用非结构化的数据存储方式，可以存储各种形式的数据，包括文本、图片、音频、视频等。这种灵活性使得NoSQL数据库能够满足各种业务需求，特别是在处理复杂数据结构时表现出色。

②高可扩展性　NoSQL数据库具有良好的可扩展性，可以方便地在集群中增加新的节点，以满足数据规模的增长需求。这种水平扩展的能力使得NoSQL数据库能够轻松应对海量数据的存储和查询需求。

③高性能　NoSQL数据库在读写性能上通常优于传统的关系型数据库。它们采用了简化的数据模型和灵活的存储结构，使得读写操作更加高效。此外，NoSQL数据库还提供了缓存机制、数据分片等功能，进一步提升了性能。

④低一致性　为了获得高可用性和可扩展性，一些NoSQL数据库在数据一致性方面进行了弱化。它们通常采用了最终一致性或柔性事务的方式，允许数据在不同节点间存在一定的时间差。这种低一致性的设计使得NoSQL数据库在处理实时数据和大规模并发请求时更加高效。

⑤适用于大数据和实时数据处理　NoSQL数据库广泛应用于大数据场景和实时数据处理领域。它们能够处理海量数据和高并发的数据访问请求，为数据分析和业务决

策提供支持。

虽然NoSQL数据库补全了关系型数据库的不足，但随着发展和应用的深入，NoSQL数据库也面临着诸多的挑战：

①缺乏通用性　由于NoSQL数据库是面向应用的，且绝大多数都是面向特定应用的自构建的开源项目，没有权威的数据库厂商提供强有力的商业支持。一旦NoSQL数据库的相关产品出现故障，就只能靠自己解决，需要承担一定的技术风险。

②成熟度不高　NoSQL实际应用较少，已有产品支持的功能有限（不支持事务特性），导致其应用具有一定的局限性。

③缺乏一致性约束　由于没有强一致性约束，有些场景无法适用，这也是无法替代关系型数据库的原因之一。

④查询能力弱　NoSQL通常只支持基本的查询操作。与传统关系型数据库相比，NoSQL数据库缺少复杂的查询操作和聚合函数。在需要进行复杂的数据查询和分析的场景中，NoSQL数据库的查询能力可能无法满足需求。

4.4.2　NoSQL 数据库分类

NoSQL主要分为键值数据库、列族数据库、文档数据库、图数据库等。

（1）键值数据库

键值数据库是一种非关系型数据库，采用简单的键值方法来存储数据。它使用一个哈希表，将数据存储为键值对集合，其中键（key）作为唯一标识符。表中的键用来定位值（value），即不能对值进行索引和查询，只能通过键存储和检索具体的值。键和值都可以是从简单对象到复杂复合对象的任何内容，可以存储任意类型的数据，包括整型、字符型、数组、对象等。

相关产品有Redis、Riak、Simple DB、Chord less、Scalaris、Memcached。主要应用于内容缓存，处理大量数据的高负载访问，也用于系统日志。其优点为查找速度快，大量操作时性能高。

（2）列族数据库

一般的数据库是以行为存储单位，以提高数据的读入性能。但是如果要一次读取若干行中的很多列数据，则将所有行的某一列作为基本数据存储单元的存储效果会更好，列存储数据库（column-orientated）也因此得名。列存储数据库将数据存储在列族中，一个列族存储经常是被一起查询的相关数据。

相关产品有Big Table、HBase、Cassandra、HadoopDB、Green Plum、PNUTS。主要应用于分布式数据的存储与管理。其优点为查找速度快，可扩展性强，容易进行分布式扩展。

（3）文档数据库

文档数据库的灵感来自Lotus Notes办公软件，它类似于第一个键值存储。这种类型的数据模型是版本化文档。半结构化文档以特定格式存储，如JSON。文档数据库可以被视为键值数据库的升级版本，允许键值的嵌套。此外，文档数据库的查询效率高于键值数据库。

相关产品有MongoDB、CouchDB、ThruDB、Cloud Kit、Perservere、Jackrabbit。主要应用于web应用，管理面向文档的数据或者类似的半结构化数据。其优点为数据结构灵活，表结构可变，复杂性低。

（4）图数据库

图数据库专门用于存储和管理关系。和具有其他行和列以及刚性结构的SQL数据库不同，图数据库使用灵活的图形模型，可以扩展到多台服务器。图数据库以实体为顶点，实体间的关系作为边来作图。

相关产品有Neo4J、OrientDB、Info Grid、GraphDB。主要应用于复杂、相互连接、低结构化的图结构场合，专注构建关系图谱。其优点为利用图结构相关算法，可用于构建复杂的关系图谱。

4.4.3　NoSQL 数据库的应用场景

NoSQL数据库的应用场景广泛，以下是一些典型的应用场景：

①规模数据存储和处理　NoSQL数据库适用于需要处理大规模数据的场景，如社交媒体数据、日志数据、传感器数据等。它们的分布式架构和横向扩展能力使得它们能够处理海量数据的读写操作。

②实时数据分析　NoSQL数据库可以提供高性能的实时数据查询和分析功能。它们具有快速的读写速度和灵活的数据模型，适合用于实时数据仪表盘、数据挖掘和业务智能分析等场景。

③高并发场景　NoSQL数据库通常具有较好的水平扩展能力，能够处理高并发读写请求。这使得它们非常适合需要处理大量并发请求的场景，如电子商务网站、在线游戏等。

④分布式存储　NoSQL数据库采用分布式架构，可以将数据存储在多个节点上，提供高可用性和容错能力。这使得它们适合用于构建分布式存储系统，如分布式文件系统、分布式缓存等。

⑤实时推荐系统　NoSQL数据库的高性能和灵活的数据模型使其成为实时推荐系统的理想选择。它们可以用来存储和查询用户数据、商品数据以及推荐模型等信息，为用户提供个性化的推荐服务。

⑥物联网（IoT）应用　随着物联网技术的快速发展，越来越多的设备需要连接到互联网并产生数据。NoSQL数据库以其灵活的数据模型、可扩展的架构和高效的性能，成为物联网应用中的理想选择。它能够支持各种类型的数据存储，包括键值对、文档、列式、图形等，满足了物联网应用中多样化的数据存储需求。

4.5　NewSQL 数据库管理系统

　　NewSQL一词是由451 Group的分析师MatthewAslett在研究论文中提出的，它代指对老牌数据库厂商做出挑战的一类新型数据库。例如，Clustrix、GenieDB、ScalArc、Schooner、VoltDB、RethinkDB、ScaleDB、Akiban、CodeFutures、ScaleBase、Translattice、NimbusDB以及Drizzle、带有NDB的MySQL集群和带有HandlerSocket的MySQL。后者包括Tokutek和JustOneDB。相关的"NewSQL作为一种服务"类别包括亚马逊的关系型数据库服务以及微软的SQLAzure，Xeround和FathomDB。

4.5.1　NewSQL 数据库的概述

　　NewSQL是一类新型的关系型数据库，是对各种新的可扩展和高性能的数据库的简称。这类数据库对于一般的OLTP读写请求提供可横向扩展的性能，同时支持事务的ACID保证。换句话说，NewSQL不仅具有NoSQL对海量数据的存储管理能力，还保持了传统数据库支持ACID和SQL等特性。其典型代表有Google Spanner、Volt DB、Clustrix、Nuo DB等。NewSQL大致分为3类：新架构、SQL引擎以及透明分片。NewSQL重新将"应用程序逻辑与数据操作逻辑应该分离"的理念带回到现代数据库的世界，这也验证了"历史的发展总是呈现出螺旋上升的过程"的辩证规律。

　　作为现代数据处理需求的回应，NewSQL数据库旨在克服传统关系型数据库在可扩展性和性能方面的局限，同时保留关系型数据库的优势。这使得它们在需要高并发、高可用性和数据一致性的应用场景中越来越受到青睐。NewSQL数据库通常具有以下特征：

　　①NewSQL数据库具有出色的性能　它采用了并行处理和分布式架构，能够在处理大量数据时快速响应。与传统关系型数据库相比，它能够提供更高的吞吐量和更低的延迟。

　　②NewSQL数据库具有较好的可扩展性　由于其分布式架构，它可以轻松地通过添加更多的节点来扩展存储和处理能力。这使得NewSQL数据库能够应对日益增长的数据量和用户访问量。

　　③NewSQL数据库提供了ACID事务支持　这意味着它能够确保数据的一致性和可靠性，在并发访问和数据修改时具有较高的安全性。

　　NewSQL数据库结合了传统SQL数据库的强一致性和可扩展性，同时试图克服NoSQL数据库的一些限制。然而，尽管NewSQL数据库在许多场景下表现出色，但仍然存在一些缺点：

　　①NewSQL数据库的技术不够成熟　NewSQL数据库相对较新，相关的技术和工具生态系统还不够成熟。相比传统关系型数据库和NoSQL数据库，其社区和支持资源相对较少，这可能导致在使用过程中遇到问题时难以找到及时的解决方案。

②NewSQL数据库的学习曲线较陡峭　由于其与传统关系型数据库和NoSQL数据库的不同，开发人员需要投入额外的时间和精力来了解和学习NewSQL数据库的特性、语法和最佳实践。

③NewSQL数据库的部署和维护成本相对较高　由于其分布式架构和复杂性，NewSQL数据库的安装、配置和调优可能需要更多的资源和专业知识。

4.5.2　NewSQL 数据库的分类

NewSQL 大致分为3类：新型架构NewSQL、透明数据分片中间件NewSQL以及数据库即服务（database as a service，DBaaS）NewSQL。

①新型架构NewSQL　是指基于分布式架构设计的NewSQL数据库系统。这些系统通常采用分布式存储和计算的方式，将数据分散存储在多个节点上，通过分布式处理实现横向扩展。新型架构NewSQL系统通常具有高可用性、高性能和弹性扩展的特点，能够处理大规模数据和高并发访问。一些知名的新型架构NewSQL数据库包括Google Spanner、CockroachDB和TiDB等。

②透明数据分片中间件NewSQL　是指一种通过中间件技术实现数据分片的NewSQL解决方案。这些中间件可以在应用程序和数据库之间进行数据分片的透明化管理，使应用程序无需关心数据分片的具体实现细节。透明数据分片中间件NewSQL可以帮助开发人员实现数据水平切分、负载均衡和故障恢复等功能，从而提升系统的可扩展性和性能。一些代表性的透明数据分片中间件NewSQL包括Vitess、Shard-Query和Akiban等。

③数据库即服务（DBaaS）NewSQL　是指提供NewSQL数据库作为云服务的解决方案。用户无须搭建和管理自己的数据库环境，而是通过云服务提供商提供的接口和工具，快速部署和管理NewSQL数据库。数据库即服务NewSQL通常包括数据备份、自动扩展、监控和安全性等功能，为用户提供便捷的数据库解决方案。一些知名的数据库即服务NewSQL包括Amazon Aurora、Google Cloud Spanner和Microsoft Azure Cosmos DB等。

NewSQL技术在不同的应用场景下展现出多样化的形态，从新型架构到透明数据分片中间件再到数据库即服务，为用户提供了更加灵活和高效的数据库解决方案。随着数据规模和需求的不断增长，NewSQL技术有望在未来发展中发挥越来越重要的作用。

4.5.3　NewSQL 数据库的应用场景

NewSQL数据库支持节点快速弹性完成垂直、水平扩展缩容，完全满足用户的海量数据存储和查询要求，可以广泛应用于各种场景：

①金融级商业数据库应用场景　互联网特色金融业务的场景下，单笔交易变小，交易次数变多，NewSQL可以支持这样的场景。

②电子商务类应用　几乎所有大型电子商务平台都基于分布式数据库，以承担大

流量推广的性能要求，NewSQL的分布架构保证了数据库可免受物理硬件性能限制，实现性能线性扩展。

ZNBase数据库系统具有原生数据强一致性的独特优势，支持统一部署，数据地理分区，高延迟网络条件下的数据一致性技术、分布式的多副本强一致，可以满足"中央—地方"多级多地部署需求。分部和各地分支机构在各自数据中心的集群进行常规业务操作，总部通过统一逻辑视图进行数据透明汇总和分析。

③海量数据存储访问场景　NewSQL数据库系统支持节点快速弹性完成垂直、水平扩展缩容，完全满足用户的海量数据存储和查询要求，可以广泛应用于工业远程监控和远程控制、智慧城市的延展、智能家居、车联网、充电桩加油站等传感监控设备多、采样率高、数据上报存储数据量大的场景。

④HTAP 混合场景　NewSQL实现了HTAP（hybrid transactional and analytical processing，HTAP）解决方案，能做到针对同样数据的OLTP与OLAP业务同时运行且互不干扰，降低数据存储成本，可广泛应用于工业物联网、商业智能分析、电商推荐系统、搜索引擎等业务场景。

4.6　林业大数据的存储与管理实例

随着现代信息技术在林业领域的广泛应用，智慧林业成为现代林业发展的必由之路。智慧林业是物联网、大数据、云计算、人工智能、移动互联网等新一代信息技术与遥感技术、智能装备及林木育种、森林培育、森林经营、森林保护等林业生产和管理业务深入融合新模式。以下是一些实际案例。

4.6.1　全球森林观察

全球森林观察（global forest watch，GFW）是一个由世界资源研究所（World Resources Institute）推动的项目，利用卫星遥感数据监测全球森林覆盖变化（图4-4）。

GFW使用高分辨率的卫星遥感图像，结合大数据存储与处理技术，实时监测全球各地的森林面积、森林砍伐率以及森林生态系统的健康状况。这些监测到的数据通过现代化的分布式存储系统，如云存储解决方案，以确保数据能高效存储和管理。为政府、NGO和研究机构提供实时的森林资源监测和管理支持。

4.6.2　谷歌地球引擎

谷歌地球引擎（google earth engine，GEE）是由Google开发的一种云平台（图4-5），专门用于处理和分析地理空间数据。它集成了大量来自卫星观测、传感器和地面观测站点的遥感数据，提供了强大的工具和算法库，支持用户进行复杂的地球观测数据分析和应用开发。

图 4-4　GFW 界面

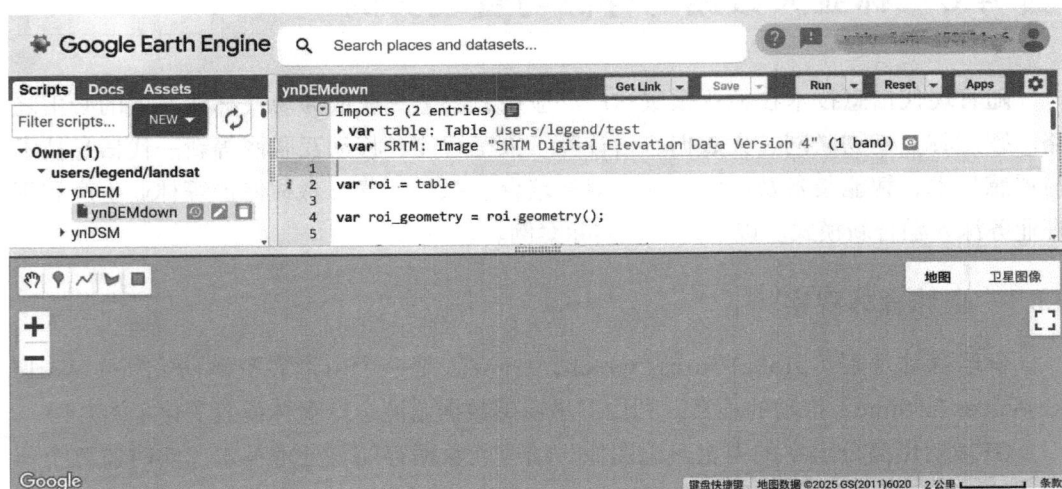

图 4-5　GEE 界面

GEE结合多源卫星影像数据，可以实时监测全球各地的森林覆盖变化情况。通过时间序列分析，可以监测森林面积的变化、砍伐活动的热点区域等。由于数据的庞大，GEE往往需要利用分布式数据库来管理和存储海量的森林地理空间数据。这些数据库支持并行处理和快速检索，使得在大规模数据集上进行复杂的空间分析和时间序列分析成为可能。

GEE还利用Google的云计算平台，实现了并行处理和分布式计算能力。用户可以在全球范围内同时访问和分析大规模的森林地理空间数据，无须担心硬件资源限制和数据传输带宽的问题。

4.6.3　森林病虫害实时监测系统

　　一些国家和地区布置了密集的传感器网络，用于监测森林中的环境参数和病虫害的传播情况。传感器网络通过实时采集大量的环境数据，如温度、湿度、空气质量等，结合数据挖掘技术建立预测模型，提前预警森林病虫害的暴发和传播趋势。这些系统通过云计算平台、分布式存储和时间序列数据库等技术进行数据存储和分析，支持森林保护部门采取及时有效的防治措施，保护森林健康。

　　大数据时代下，林业发展面临着对林业大数据进行存储、挖掘、归纳、分析等多重挑战。云计算、云存储及分布式架构云端服务处理模式的出现，为解决林业大数据管理的相关问题带来了新的契机。这些技术在林业领域上的应用，可有力地推进林业信息化进步，全面实现我国林业高质量发展。

参考文献

陈康，武永卫，余宏亮，等，2021. 大数据存储技术[M]. 北京：人民邮电出版社.

李建中，1994. 并行数据库的查询处理并行化技术和物理设计方法[J]. 软件学报，5（10）：1-10.

李静芳，2016. 基于NoSQL的大数据管理技术研究与应用[D]. 北京：华北电力大学.

林纯科，卢林，罗娟，2024. 大数据技术在测绘地理信息中的应用[J]. 大数据时代（5）：64-67.

林子雨，2020. 大数据导论[M]. 北京：人民邮电出版社.

任进军，林海霞，沈同平，等，2017. MySQL数据库管理与开发[M]. 北京：人民邮电出版社.

杨秋，2023. 基于大数据背景的NoSQL数据库技术分析[J]. 电脑知识与技术，19（24）：67-69.

余洁，2018. 遥感大数据存储管理方法及交互可视化实现研究[D]. 徐州：中国矿业大学.

WANG X，ZHANG C，QIANG Z，2024. A new forest growing stock volume estimation model based on AdaBoost and Random Forest Model[J]. Forests，15：260.

第 5 章
大数据分析与处理

大数据分析与处理提供了一个全局视角，让我们认识到在这个数据驱动的时代，从海量数据中提取有价值的信息，对于企业和组织的决策、创新与发展具有重要的意义。本章将围绕大数据的处理、分析和应用等环节，讲解相关技术与方法，同时探讨大数据处理与分析在实际场景中的应用案例。在这里，我们不仅将面对数据处理的复杂性，还将探讨如何通过数据分析来揭示数据背后的规律，为各行各业的决策者提供科学的依据。本章不仅是对技术的深入剖析，也是对大数据应用实践的全面展示，旨在帮助读者掌握数据分析的精髓，从而在数据驱动的世界中游刃有余。让我们共同探索这些前沿技术，开启大数据处理与分析的新篇章。

5.1 可视化分析

数据可视化是一种将数据以图形、图像等视觉元素展现的技术，旨在通过视觉手段简化信息的复杂性，提高数据的可读性和解释性。它涵盖了从简单的条形图、折线图到复杂的交互式图表和动态地图等多种形式，不仅帮助用户快速识别数据中的模式、趋势和异常，还能有效地支撑决策过程、优化信息交流和教育传播。数据可视化的核心在于将海量数据转化为有意义的视觉表达，从而在商业分析、科学研究、公共信息等多个领域发挥重要作用，成为现代数据分析不可或缺的一部分。

5.1.1 数据可视化概述和流程

数据可视化，是关于数据视觉表现形式的科学技术研究。其中，这种数据的视觉表现形式被定义为一种以某种概要形式抽提出来的信息，包括相应信息单位的各种属性和变量。

数据可视化是一个处于不断演变之中的概念，其边界在不断地扩大。主要指的是技术上较为高级的技术方法，而这些技术方法允许利用图形、图像处理、计算机视觉以及用户界面，通过表达、建模以及对立体、表面、属性和动画的显示，对数据加以可视化解释。数据可视化技术的基本思想，是将数据库中每一个数据项作为单个图形元素表示，大量的数据集构成数据图像，同时将数据的各个属性值以多维数据的形式表示，可以从不同的维度观察数据，从而对数据进行更深入的观察和分析。

数据可视化的重要性不容小觑，它如同桥梁，连接了复杂数据与直观理解，极大地提升了信息传递的效率。在快节奏的现代工作环境中，数据可视化通过将抽象的数据转化为形象易懂的图表，不仅帮助决策者迅速捕捉关键信息，揭示潜在趋势，还促进了跨部门、跨层级的有效沟通，增强了团队协作能力。此外，它对于塑造数据驱动型组织文化、优化资源分配、提升教育质量等方面也发挥着至关重要的作用，成为各行各业提升竞争力的有力工具。

数据可视化可分为多种类型，包括统计图表、信息图表、地图、图形和符号，以及交互式图表等，它们各自适用于不同的数据特性和传达需求。在应用领域方面，数据可视化广泛应用于商业智能、科学研究、公共信息、教育等多个方面，通过将复杂数据转化为易于理解的视觉信息，极大地提升了决策效率，促进了知识传播和创新发现。总结而言，数据可视化作为一种高效的信息处理和交流工具，其多样化和广泛的应用正在不断推动着数据驱动的决策和文化的发展。

在整个数据可视化流程中，从数据的收集、整合、清洗和探索，到图表的设计、工具的选择与制作，再到最终的评估、优化与发布，以及持续的数据维护和设计更新，每一步都至关重要。以下将详细阐述这一流程的各个阶段，揭示打造出既准确又吸引人的数据可视化作品的过程（图5-1）。

①数据准备与理解阶段　首要任务是明确可视化目标，然后从数据库、网络资源或现有文件中精确地收集所需数据。这可能涉及编写SQL查询语句来提取数据库中的数据，使用网络爬虫技术抓取在线数据，或者导入Excel和CSV等格式的文件。数据收集完毕后，将这些来自不同来源的数据进行整合，统一数据格式，消除矛盾和重复，确保数据集的完整性和一致性。接下来，要对数据进行清洗，通过填补缺失值、剔除异常数据和处理重复记录来提升数据质量。最后，通过计算平均值、标准差等描述性统计量，以及绘制基本的散点图、直方图来探索数据，了解其分布规律和基本特征，为后续深入分析奠定基础。

②可视化设计阶段　需要根据数据的特性和分析目的精心挑选合适的图表类型。例如，如果想展示时间序列数据的变化趋势，可能会选择折线图；如果想比较不同类别的数据大小，条形图或柱状图更为合适；而展示多个变量之间的关系时，散点图则是更好的选择。确定图表类型后，再进行视觉编码，巧妙地运用颜色、大小、形状等视觉元素来表示数据的不同属性，确保信息的直观传达。最后，再细致规划图表的布局，包括添加清

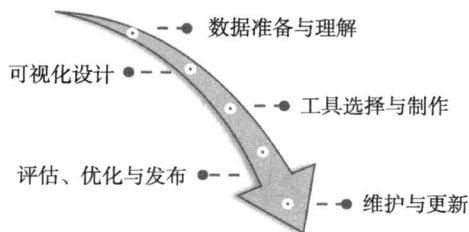

图 5-1　数据可视化流程图

晰的标题、图例、轴标签和必要的注释，以便读者能够轻松理解和解读图表内容。

③工具选择与制作阶段　根据项目需求和团队的技术能力，从众多可视化工具中选择最合适的一个，如Tableau适合业务分析师，Power BI适合Excel高级用户，而D3.js则适合有编程背景的数据可视化专家。选择工具后，将清洗和准备好的数据导入工具，并按照之前的设计方案创建图表。为了提升用户体验，可能还会为图表添加交互功能，如点击查看详细信息、悬停显示数据值或通过下拉菜单筛选数据，使图表更加生动和实用。

④评估、优化与发布阶段　组织目标用户群体对可视化作品进行测试，观察他们的使用习惯和反馈，以评估可视化的有效性和易用性。根据收集到的反馈，需要对图表的颜色搭配、布局调整、交互逻辑等进行迭代优化，以确保信息的准确传递和用户的良好体验。优化完成后，将可视化作品发布到网站、嵌入到报告或通过其他媒介展示，并通过社交媒体、行业会议等渠道进行广泛分享。

⑤维护与更新阶段　建立起一套数据更新机制，定期检查和替换旧数据，确保可视化作品始终反映最新的数据情况。同时，还要根据数据的变化或业务需求的新发展，对可视化设计进行相应的更新和调整。这可能包括修改图表类型、调整视觉编码方案或增加新的分析维度，以保持可视化作品的相关性和吸引力。这一持续性的维护工作对于确保可视化作品的长期价值和影响力至关重要。

5.1.2　可视化图表

在当今信息爆炸的时代，数据成为我们理解世界、做出决策的重要依据。而如何将复杂的数据以清晰、直观的方式呈现出来，使得人们能够迅速洞察其中的关键信息，成为至关重要的问题。其中，选择合适的可视化图表来比较不同类别的数据，无疑是解决这一问题的有效途径。不同类型的数据，因其特点和所要传达的信息各异，需要与之匹配的特定可视化图表来展现。

（1）类别比较

类别比较是用于分析和对比不同类别的数据，从而揭示各类别之间的差异和关系，可用于类别比较的图表主要有：

①条形图（bar chart）　适用于比较不同类别的数据，通过水平或垂直的长条展示各类别数据的大小（图5-2）。用法上，常用于展示市场调查结果、产品销量对比等。其特点在于直观、易于比较，条的长度或高度直接反映了数据的大小，使得观众能够迅速把握各类别之间的差异。

②柱状图（column chart）　与条形图类似，用于比较不同类别的数据，但数据以垂直柱的形式展现（图5-3）。它适用于展示按类别分组的统计数据，如年度销售额对比。柱状图的特点是易于比较不同类别的数据大小，且视觉上更加突出。

③饼图（pie chart）　用于显示各部分占整体的比例关系，通过将一个圆分割成几个扇形区域来表示（图5-4）。它适用于展示市场份额、预算分配等比例数据。饼图的

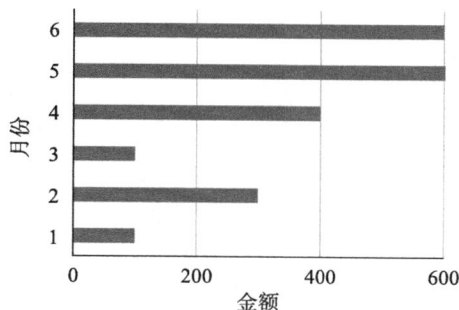

图 5-2　条形图

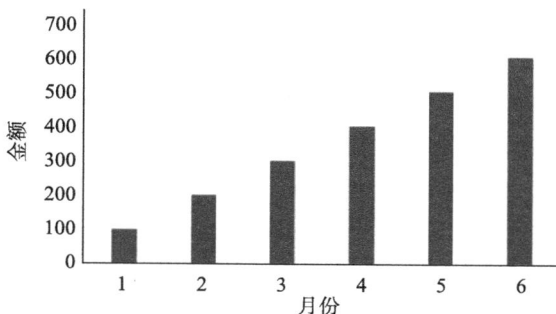

图 5-3　柱状图

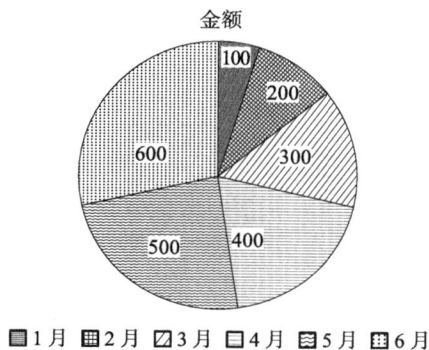

图 5-4　饼图

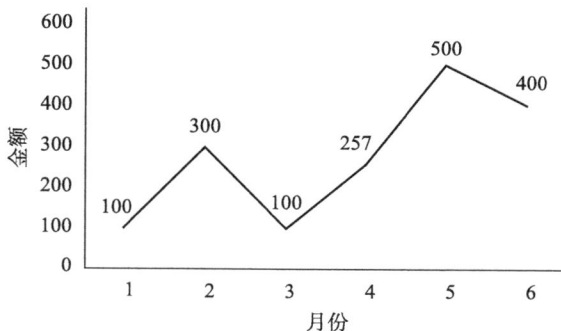

图 5-5　折线图

特点是直观展示部分与整体的关系，但是当分类过多时，可能导致比例难以区分。

④折线图（line chart）　通过点与点之间的连线来展示数据随时间或其他连续变量的变化趋势（图5-5）。它非常适合展示时间序列数据，如股票价格、气温变化或网站访问量。通过折线图，我们可以清晰地看到数据的上升和下降趋势。

⑤堆积条形图（stacked bar chart）　用于比较多个类别数据的构成。每个条形图的条由多个部分组成，每个部分代表一个类别（图5-6）。这种图表适用于展示多个类别的数据构成比例，如不同部门在总成本中的占比。

⑥堆积柱状图（stacked column chart）　与堆积条形图类似，用于比较多个类别数据的构成。每个柱状图的柱由多个部分组成，每个部分代表一个类别（图5-7）。这种图表适用于展示多个类别的数据构成比例，如不同产品类别的销售额占比。

⑦雷达图（radar chart）　用于比较多个量化变量的数据分布。数据点分布在多个轴上，形成类似于雷达的图形（图5-8）。这种图表适用于多维度性能评估，如多个产品的性能对比。雷达图的特点是能够直观展示多个变量的综合表现，但是不太适合展示大量数据。

⑧箱线图（box plot）　用于比较多个类别的数据分布（图5-9）。它显示中位数、四分位数和异常值，适用于数据统计分析。箱线图的特点是能够简洁地展示数据的分散性和对称性，便于识别异常值。

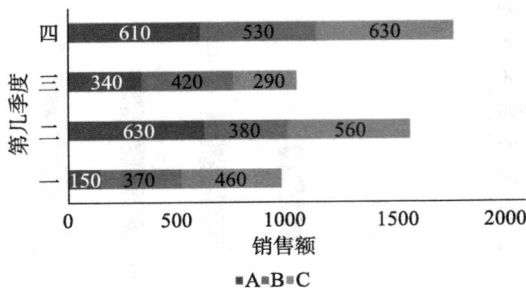

图 5-6　堆积条形图

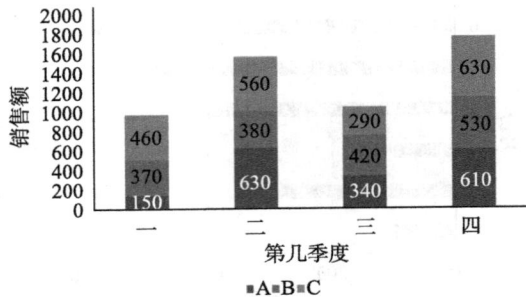

图 5-7　堆积柱状图

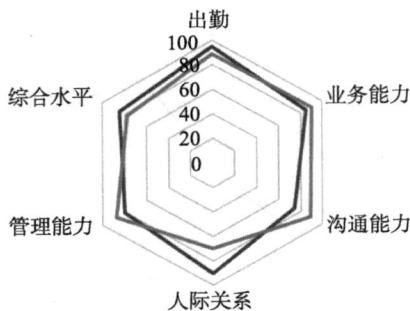

图 5-8　雷达图

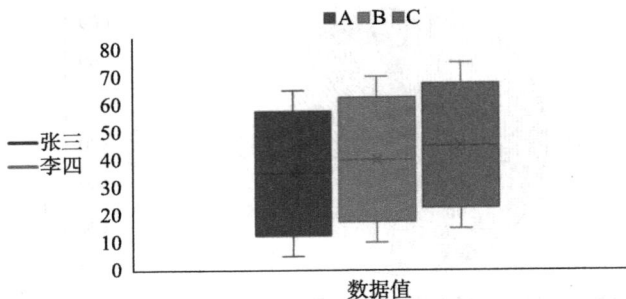

图 5-9　箱线图

⑨热力图（heatmap）　通过颜色的深浅来表示数值的大小，适用于展示矩阵数据（图5-10）。这种图表适用于展示不同类别数据的分布情况，如用户行为分析。热力图的特点是直观展示数据的热点区域，便于发现数据的高值和低值区域。

（2）相关性分析

相关性分析旨在探索变量之间的相互关系，从而揭示它们之间潜在的联系和影响。可用于相关性表示的图表主要有：

①散点图（scatter plot）　是一种用于展示两个连续变量之间关系的图表（图5-11）。在散点图中，每个数据点代表一个观察值，其坐标由两个变量的值决定。这种图表的特点在于能够直观地展示两个变量之间的线性关系、非线性关系或无明显关系。通过观察数据点的分布模式，可以判断变量间的正相关、负相关或无相关性。散点图在实际应用中非常广泛，如展示温度与湿度、收入与支出等数据之间的关系。它的优势在于简单易懂，能够快速识别数据点的分布趋势。然而，当数据点过多时，散点图可能会变得拥挤，难以识别个别数据点。此外，散点图不适合展示分类变量。

②气泡图（bubble chart）　是一种在散点图基础上发展而来的图表，它使用大小不同的气泡来表示第三个变量的值（图5-12）。气泡图通常包含3个轴：两个轴表示两个连续变量的值，第三个轴表示第三个变量的值（通常是离散的）。气泡图适用于展示3个连续变量之间的关系，如时间序列数据中的波动性。通过观察气泡的大小和位置，可以判断3个变量之间的关联性。它的优势在于能够直观地展示3个变量的关系，尤其

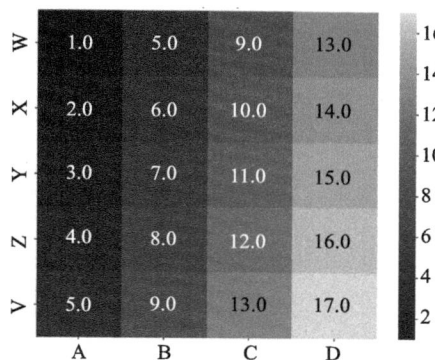

图 5-10　热力图

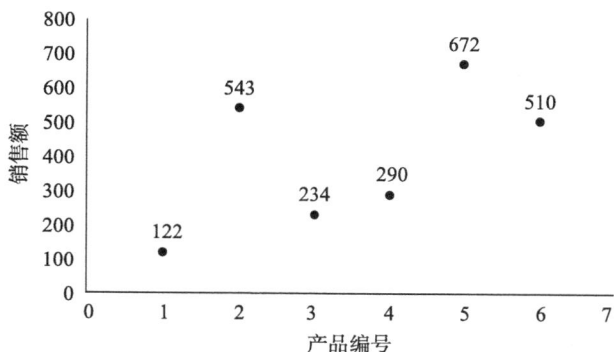

图 5-11　散点图

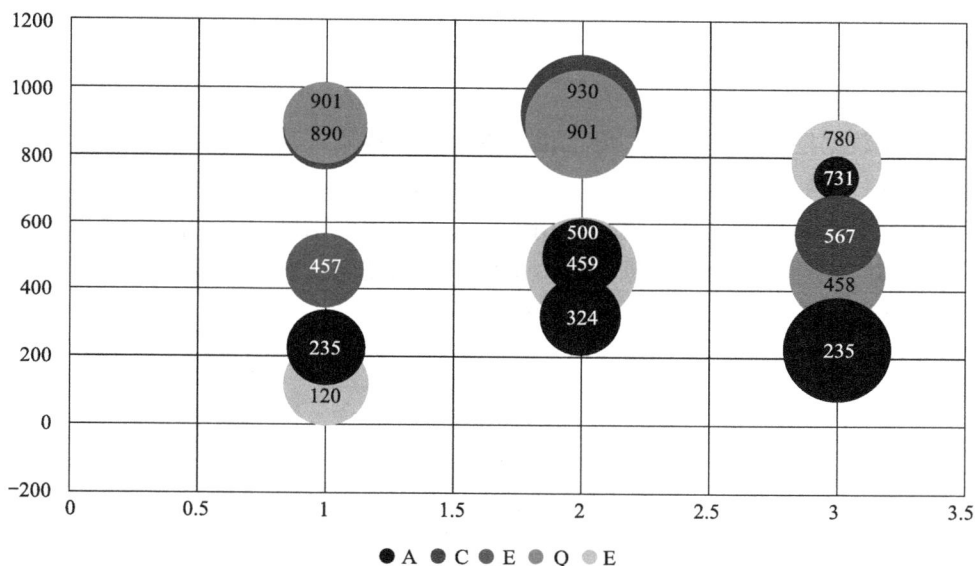

●A ●C ●E ●Q ●E

图 5-12　气泡图

适用于需要强调第三个变量大小的分析。然而，当气泡过多时，气泡图可能会变得难以阅读，因为气泡之间可能会重叠。此外，气泡图在处理大量数据时可能不够直观。在选择散点图和气泡图时，应根据数据的特点和研究目的来决定。如果只需要展示两个变量之间的关系，散点图是一个简单且有效的选择。如果需要同时展示3个变量之间的关系，气泡图则是一个更合适的选择。

（3）分布情况

分布情况用于直观展示数据的分布特征，帮助分析数据的整体趋势和特性。最常用的表示分布情况的图表是直方图，直方图用于展示数据的分布频率（图5-13）。它将数据分成若干个区间，并统计每个区间内数据点的数量。直方图的特点在于能够清晰地展示数据的分布情况，如数据集中趋势、离散程度等。这种图表适用于展示连续型数据的分布情况，如年龄分布、考试成绩等。

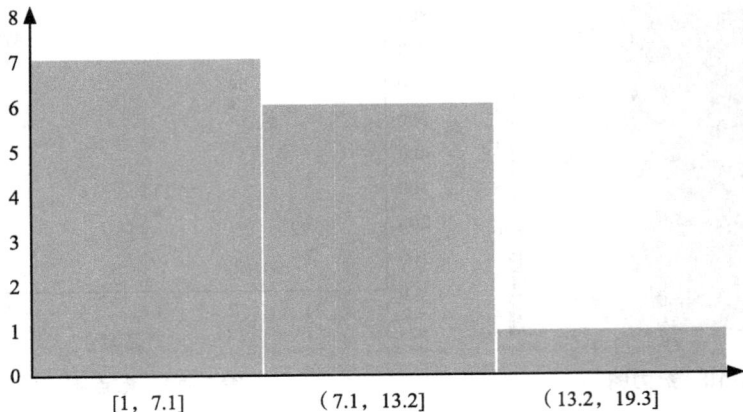

图 5-13　直方图

（4）文本和数据挖掘技术

文本和数据挖掘技术常用于可视化文本数据的特征，其中词云是一种直观而广泛使用的工具，能够突出展示文本中最重要的关键词（图5-14）。在词云中，单词的大小代表其在文本中出现的频率，通常使用不同颜色和字体来区分不同的单词。词云的特点在于能够直观地展示文本数据中的关键信息，如热门话题、关键词等。这种图表适用于展示社交媒体分析、品牌识别、文本摘要等。

图 5-14　词云

5.1.3　可视化工具

在现代数据分析领域，数据可视化工具扮演着至关重要的角色，它们将复杂的数据转化为直观的图表，使得信息传递更加高效、直观。本节将介绍一系列流行的数据可视化工具，包括Tableau、Power BI、QlikView、Qlik Sense、Microsoft Excel、D3.js、Highcharts、Matplotlib、ggplot2、Plotly和Google Charts。这些工具各具特色，可满足不同场景下的数据可视化需求，从企业级数据分析到个人数据探索，从静态图表到交互式可视化，它们都能够提供强大的支持。

（1）Tableau

Tableau是一款功能强大的数据可视化工具（图5-15），广泛应用于商业智能、数据分析等领域。它具有直观的用户界面和强大的交互性，使得用户可以轻松地创建和定制各种图表。此外，Tableau还支持数据连接和数据源的导入，用户可以轻松地从各种数据源中提取数据，并进行可视化分析。

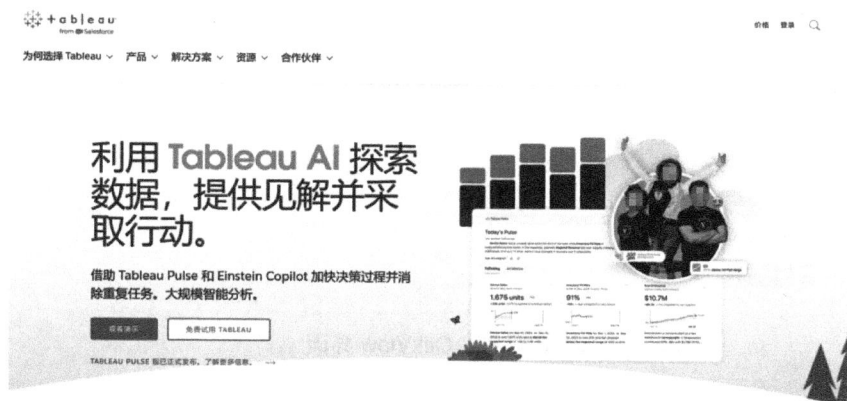

图 5-15　Tableau 界面

（2）Power BI

Power BI是由微软开发的一款数据可视化工具（图5-16），它与Office和其他微软产品集成良好，适用于企业级数据分析。Power BI具有丰富的数据连接选项，可以轻松地连接到各种数据源，包括Excel、SQL Server、Azure等。它还提供了强大的数据处理和分析功能，用户可以轻松地创建各种图表和仪表板，并与其他人共享。

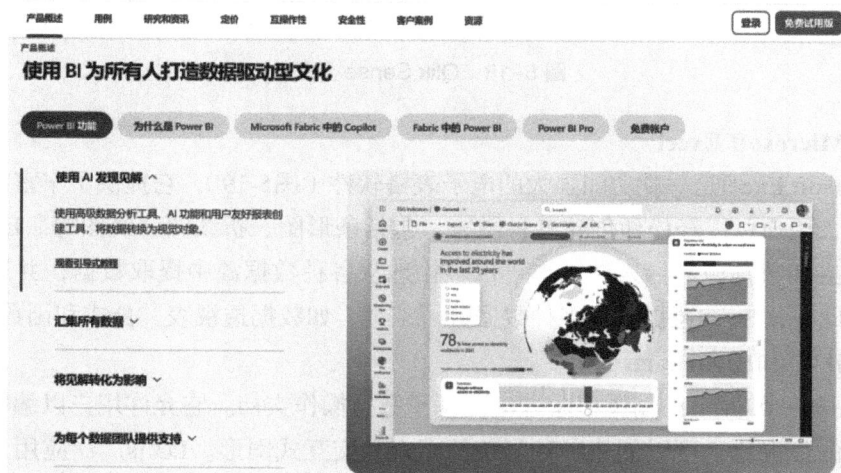

图 5-16　Power BI 界面

（3）QlikView和Qlik Sense

QlikView和Qlik Sense是两款由Qlik开发的数据可视化工具（图5-17和图5-18），它们具有强大的数据处理能力，可以处理大型数据集。QlikView和Qlik Sense还提供了强大的探索性分析功能，用户可以轻松地发现数据中的模式和趋势。此外，它们还支持移动设备，用户可以随时随地访问数据和仪表板。

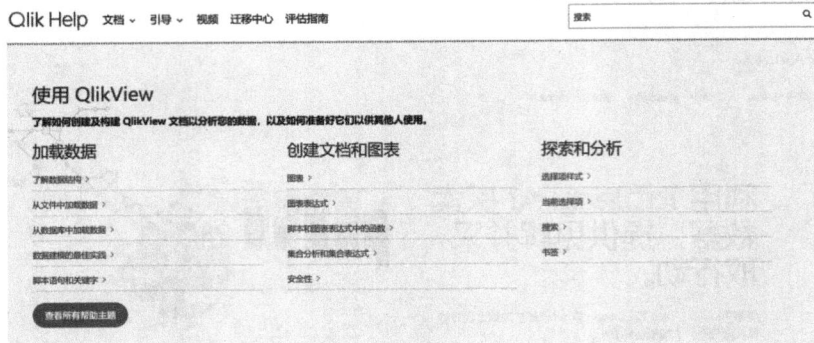

图 5-17　QlikView 界面

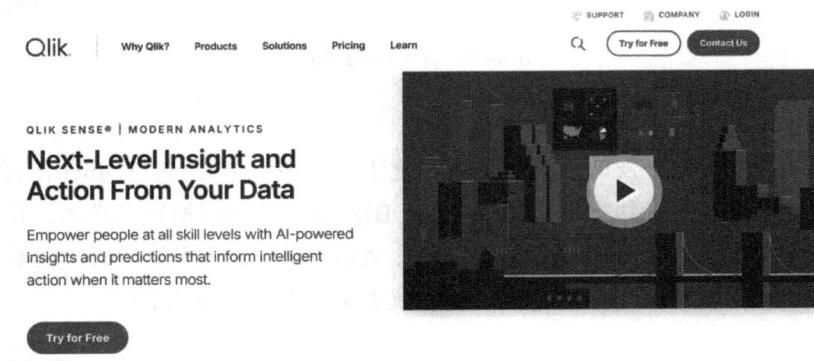

图 5-18　Qlik Sense 界面

（4）Microsoft Excel

Microsoft Excel是一款功能强大的电子表格软件（图5-19），它提供了丰富的数据可视化功能，用户可以轻松地创建各种图表，包括条形图、折线图、饼图等。Excel还支持数据连接和数据源的导入，用户可以轻松地从各种数据源中提取数据，并进行可视化分析。此外，Excel还提供了多种数据分析工具，如数据透视表、公式和函数等。

（5）D3.js和Highcharts

D3.js是一个JavaScript库（图5-20），基于数据操作文档。它允许用户以编程方式创建自定义的可视化，可以创建各种复杂的图表和交互式图形。D3.js广泛应用于需要高度定制化的数据可视化项目，如数据可视化网站、应用程序和仪表板等。

Highcharts是一个基于HTML5的JavaScript图表库（图5-21），支持多种图表类型，如条形图、折线图、饼图等。它具有丰富的配置选项和主题，可以创建美观的图表。Highcharts广泛应用于在线图表制作和Web应用开发，如数据可视化网站、仪表板和报告等。

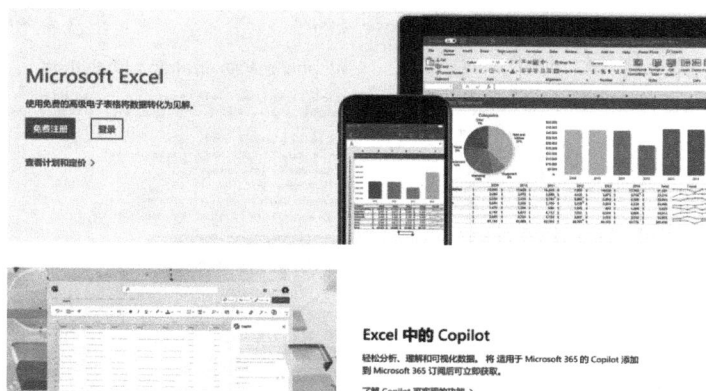

图 5-19　Microsoft Excel 界面

图 5-20　D3.js 界面

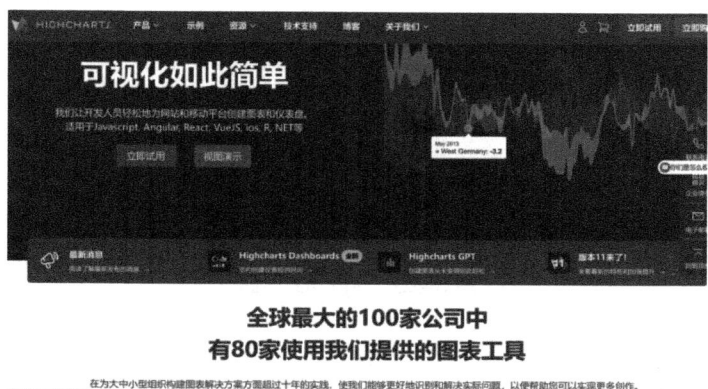

图 5-21　Highcharts 界面

（6）Matplotlib

Matplotlib是一个Python库，用于创建静态、交互式和动画可视化（图5-22）。它提供了丰富的图表类型和可视化选项，可以创建各种复杂的图表和图形。Matplotlib广泛应用于需要集成到Python数据分析工作流中的场景，如数据分析、科学计算和数据可视化等。

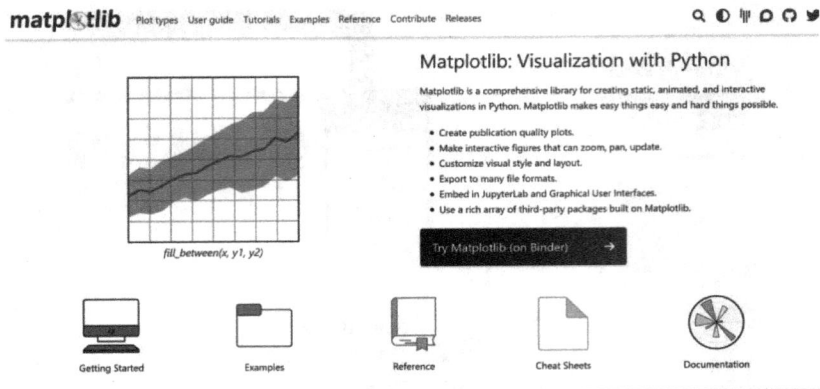

图 5-22　Matplotlib 界面

（7）ggplot2

ggplot2是一个R语言包，用于创建美观的数据可视化（图5-23）。它基于图形语法，提供了丰富的图表类型和可视化选项。ggplot2广泛应用于需要与R语言生态系统集成的数据可视化，如数据分析、报告和数据可视化等。

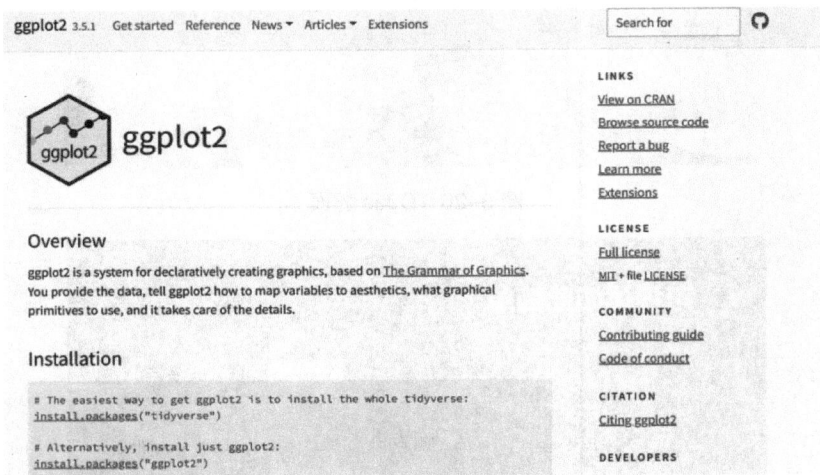

图 5-23　ggplot2 界面

（8）Plotly

Plotly是一个跨平台的可视化库，支持Web和桌面应用（图5-24）。它提供了丰富的图表类型和可视化选项，可以创建各种复杂的图表和图形。Plotly广泛应用于需要跨平台数据可视化的场景，如数据可视化网站、仪表板和报告等。

（9）Google Charts

Google Charts是由Google提供的一系列在线图表工具（图5-25），易于使用。它提供了多种图表类型，如条形图、折线图、饼图等。Google Charts广泛应用于需要快速创建图表的场景，如在线数据可视化、报告和仪表板等。

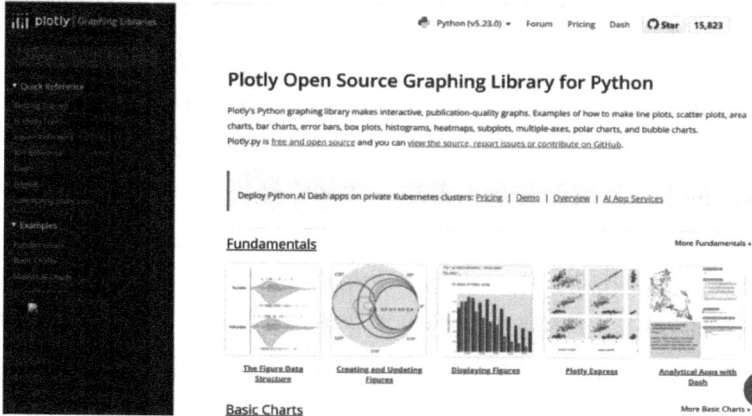

图 5-24　Plotly 界面

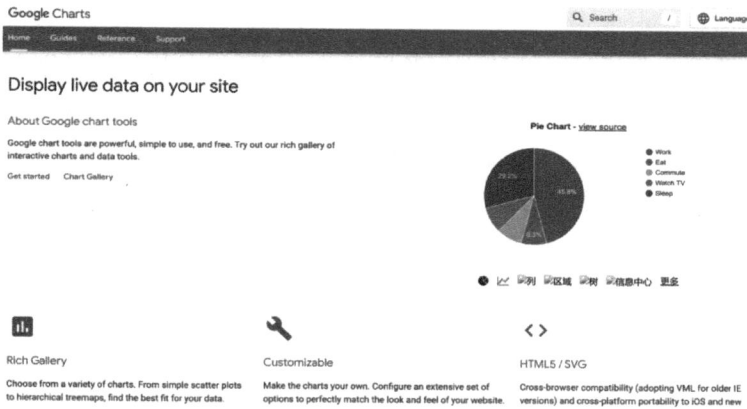

图 5-25　Google Charts 界面

5.1.4　可视化分析最新的趋势

在2024年，数据可视化分析领域展现出显著的市场增长和技术进步。据市场研究报告显示，数据可视化市场规模预计将达到98.4亿美元，并有望在2029年增长至165.4亿美元，显示出复合年增长率高达10.95%的强劲势头。这一增长反映了数据可视化在帮助企业转变为分析驱动型业务中的重要作用，用户通过图形化的数据表示形式，可以更直观地探索和理解数据，从而做出更精准的业务决策。与此同时，人工智能（AI）在数据与分析领域的应用正日益增强。Gartner公司指出，数据与分析（D&A）领导者需要掌握"押注AI业务"的技能，并在企业内部赢得信任，以便有效地领导AI战略。这不仅提升了数据可视化分析的工具功能，还使其成为一个结合高级分析和智能决策的平台。此外，领先的企业正在努力将混乱的数据与分析系统转化为可管理的复杂结构，通过AI工具实现生产自动化，提高生产力，进一步优化数据管理与分析能力。

在数据可靠性受到越来越多质疑的背景下，数据与分析领导者使用决策智能实践来建立对数据的信任，并监控决策过程及其结果，确保数据可视化分析提供的不仅是准确的数据视图，还有数据的可信度和透明度。同时，企业也在积极投资员工，提升他们的人工智能素养，采用适应性强的治理实践，并实施基于信任的信息资产管理方法，确保员工能够有效地利用数据可视化工具，而不感到受到威胁或沮丧。

可视化分析的未来发展趋势预示着这一领域将经历一系列深刻变革。首先，增强现实（AR）和虚拟现实（VR）技术的融合将创造出更加沉浸式的可视化体验。通过在三维空间中与数据直接互动，用户将能够更深刻地理解和感知数据。随着物联网和实时数据处理技术的发展，实时数据流的可视化将成为关键。这将要求可视化工具能够快速捕捉、处理并展示动态变化的数据，为决策者提供即时的洞察和反馈。此外，未来的可视化工具将更加注重个性化和自适应特性。根据用户的行为、偏好和特定任务，可视化界面和内容将自动调整，以提供更加定制化的用户体验。同时，数据可视化也将越来越多地应用于跨学科领域，如教育、医疗健康、城市规划等，促进不同领域间的知识交流和融合。

随着数据隐私和安全性的关注度日益提高，可视化工具将加强对用户数据的保护，确保在可视化过程中的数据安全和合规性。基于云的可视化服务也将成为趋势，使用户能够随时随地通过互联网访问强大的可视化工具，而无须担心本地硬件资源的限制。

未来的数据可视化将探索更多交互形式，如触觉反馈、语音控制等，这些新的交互方式将使数据探索更加直观和自然，进一步拉近用户与数据之间的距离。这些趋势预示着可视化分析将朝着更智能、更互动、更安全、更个性化的方向发展，为用户带来更加丰富和深入的数据体验。

5.2 机器学习算法概述

机器学习算法是一系列使计算机能够从数据中学习的程序和方法，它们通过识别数据中的模式、趋势和关联来做出预测或决策。具体来说，监督式学习算法，如逻辑回归和支持向量机，利用已标记的数据训练模型，对新数据进行分类或回归预测；非监督式学习算法，如K-Means聚类和主成分分析，从无标签的数据中寻找结构，通过聚类分析将数据分组或降维以简化数据表示；强化学习算法，如Q-Learning和策略梯度方法，通过与环境的交互来学习如何在给定情境下采取最佳行动，以实现长期奖励最大化。这些算法具有自适应性、泛化能力和数据处理能力，能够在没有明确编程指令的情况下，通过训练数据发现规律和做出推断。在具体应用中，机器学习算法在图像识别领域实现了人脸识别和物体检测；在语音识别领域实现了语音转文字和语音助手；在自然语言处理领域实现了情感分析和机器翻译；在推荐系统领域实现了个性化内容推荐；在医疗诊断领域可辅助疾病预测和药物发现。这些算法在提高预测准确度、减少人工干预、提高工作效率以及为复杂问题提供创新解决方案方面展现出显著的优势。

5.2.1　机器学习算法的分类

机器学习算法的分类主要基于学习方式和算法功能（图5-26）。根据学习方式，算法可分为监督式学习、非监督式学习和强化学习。监督式学习算法通过已标记的数据进行训练，非监督式学习算法则处理未标记的数据以发现潜在模式，而强化学习算法则通过与环境互动来学习最优行为策略。

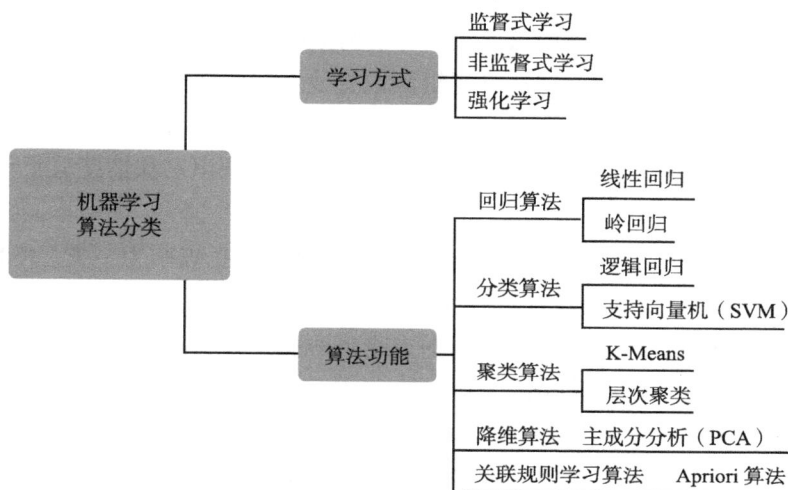

图 5-26　机器学习算法分类

监督式学习是机器学习中的一种主要方法，它依赖于带有标签的训练数据来训练模型。在这个过程中，每个输入样本都有一个对应的正确输出，算法通过不断调整模型参数，以最小化预测输出与实际标签之间的差异。监督式学习可以分为回归和分类两种问题，其中回归预测连续值，而分类预测离散标签。常见的监督式学习算法包括线性回归、逻辑回归、支持向量机和神经网络等。这类算法在图像识别、语音识别和文本分类等领域有着广泛的应用。

非监督式学习处理的是未标记的数据，其目标是发现数据中的隐藏模式或结构。与监督式学习不同，非监督式学习不需要预先定义的标签，而是通过算法自身去探索数据中的相似性或差异性。非监督式学习算法主要包括聚类算法（如K-Means、层次聚类）和降维算法（如主成分分析）。这些算法在市场细分、数据预处理和关联规则挖掘等领域具有重要应用，它们能够揭示数据内在的规律，为后续的分析和决策提供依据。

强化学习是一种通过智能体与环境的交互来学习最优行为策略的方法。在强化学习中，智能体根据当前状态选择行动，环境根据行动给出奖励（正或负），智能体的目标是学习一种策略，以最大化长期累积奖励。强化学习的关键概念包括状态、行动、奖励和策略。常见的强化学习算法有Q-Learning、SARSA和策略梯度方法等。这类算法在游戏AI、机器人控制、自动驾驶汽车等领域有着广泛的应用，它们能够处理复杂的决策问题，通过试错学习来达到最终目标。

根据算法功能，机器学习算法可以分为回归算法、分类算法、聚类算法、降维算法和关联规则学习算法等。

回归算法专注于预测连续值，它们通过建立数据特征与目标变量之间的数学关系来实现预测。常见的回归算法包括线性回归和岭回归。线性回归假设数据特征与目标变量之间存在线性关系；岭回归在线性回归的基础上加入了正则化项，以处理多重共线性问题。回归算法广泛应用于房价预测、股票价格分析和销量预测等领域。

分类算法用于预测数据的离散标签，它们将数据点分到不同的类别中。逻辑回归是一种广泛使用的分类算法，它通过逻辑函数将线性回归的输出转换为概率，从而实现分类；支持向量机（SVM）则是另一种分类算法，它通过寻找一个最优的超平面来分隔不同类别的数据点。分类算法在垃圾邮件检测、图像识别和情感分析等场景中有着广泛应用。

聚类算法旨在发现数据中的自然分组，它将相似的数据点归为一类。K-Means是最常见的聚类算法之一，它通过迭代寻找簇中心来将数据点分为k个簇；而层次聚类也属于聚类算法，它通过逐步合并或分裂数据点来形成簇。聚类算法在市场细分、图像分割和基因数据分析等领域具有重要应用。

降维算法用于减少数据的维度，同时保留大部分重要信息。主成分分析（PCA）是最著名的降维算法之一，它通过线性变换找到能够最大化数据方差的新特征空间。降维算法在数据压缩、特征提取和可视化等领域发挥着关键作用。

关联规则学习算法用于发现数据项之间的关联关系。Apriori算法是最经典的关联规则学习算法，它通过迭代搜索频繁项集来生成关联规则。关联规则学习算法在购物篮分析、产品推荐和生物信息学等领域有着广泛应用。

这些算法各有专长，针对不同的数据分析需求提供了多样化的解决方案，是机器学习领域不可或缺的工具。

5.2.2 机器学习的流程

在机器学习项目中，流程的每一步都是构建高效预测模型的关键。从数据的收集和处理开始，到最终模型的部署和应用，整个过程需要精心规划和执行。本节将概述机器学习的完整流程，包括收集数据、分析数据、特征选择、向量化、拆分数据集、模型训练、模型评估、文件整理和接口封装等环节，如图5-27所示。这些步骤共同构成了一个有机的整体，从而通过数据驱动决策，提取有价值的信息，训练出准确可靠的模型，并以服务的形式提供预测结果。

（1）收集数据

收集到的数据的质量和数量将直接决定预测模型是否能够建好。收集数据时，需要将收集的数据去重复、标准化、错误修正等，保存成数据库文件或者csv格式文件，为下一步数据的加载做准备。

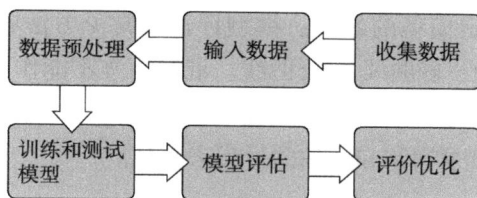

图 5-27　机器学习流程图

（2）分析数据

分析数据主要是数据发现，例如，找出每列的最大值、最小值、平均值、方差、中位数、三分位数、四分位数、某些特定值（比如零值）所占比例或者分布规律等。了解这些的最好办法就是可视化，谷歌的开源项目facets可以很方便地实现。此外，分析数据时要确定自变量（x_1，…，x_n）和因变量y，找出因变量和自变量的相关性，确定相关系数。

（3）特征选择

特征的好坏很大程度上决定了分类器的效果。将上一步骤确定的自变量进行筛选，筛选可以手工选择或者模型选择，选择合适的特征，然后对变量进行命名以便更好地标记。命名文件要存下来，在预测阶段会用到。

（4）向量化

向量化是对特征提取结果的再加工，目的是增强特征的表示能力，防止模型过于复杂和学习困难，例如，对连续的特征值进行离散化，label值映射成枚举值，用数字进行标识。这一阶段将产生一个很重要的文件，即label和枚举值对应关系，在预测阶段同样会用到。

（5）拆分数据集

需要将数据分为两部分。其中大部分用于模型训练，其余部分用于评估训练模型的性能。通常以8∶2或者7∶3进行数据划分。不能直接使用训练数据来进行评估，因为模型只能记住"问题"。

（6）模型训练

进行模型训练之前，要确定合适的算法，如线性回归、决策树、随机森林、逻辑回归、梯度提升、SVM等。最佳的选择算法的方法是测试各种不同的算法，然后通过交叉验证选择最好的一个。但是，如果只是为问题寻找一个"足够好"的算法，或者一个起点，有一些还不错的一般准则可以遵循，比如如果训练集很小，那么高偏差/低方差分类器（如朴素贝叶斯分类器）要优于低偏差/高方差分类器（如k近邻分类器），因为后者容易过拟合。然而，随着训练集的增大，低偏差/高方差分类器将开始胜出（它们具有较低的渐近误差），因为高偏差分类器不足以提供准确的模型。

（7）模型评估

训练完成之后，通过拆分出来的训练数据来对模型进行评估，通过真实数据和预测数据进行对比，来判定模型的好坏。模型评估的常见方法有5种：混淆矩阵、提升图&洛伦兹图、基尼系数、ks曲线、roc曲线。混淆矩阵不能作为评估模型的唯一标准，而是计算模型其他指标的基础。完成评估后，如果想进一步改善训练，我们可以通过调整模型的参数，然后重复训练和评估的过程来实现。

（8）文件整理

模型训练完成之后，要整理出4类文件，确保模型能够正确运行，这4类文件分别为：Model文件、Lable编码文件、元数据文件（算法、参数和结果）、变量文件（自变量名称列表、因变量名称列表）。

（9）接口封装

通过封装服务接口，实现对模型的调用，以便返回预测结果。

5.2.3 机器学习的应用

机器学习的应用领域广泛而深远，它不仅改变了数据的处理方式，还深刻影响了各行各业的发展。本节将探讨机器学习在异常检测、用户画像、广告点击率预估、企业征信大数据应用以及智慧交通大数据应用等方面的具体应用。这些应用展示了机器学习如何从海量数据中提取价值，为企业和个人提供精准服务，优化决策过程，提高效率。从识别异常行为，到描绘用户特征，再到预测广告效果和评估企业信用，机器学习的力量无处不在，推动着社会向更加智能、高效的方向发展。

（1）异常检测

异常是指某个数据对象由于测量、收集或自然变异等原因变得不同于正常的数据对象的场景。找出异常的过程，称为异常检测。根据异常的特征，可以将异常分为以下3类：点异常、上下文异常、集合异常。异常检测的训练样本都是非异常样本，假设这些样本的特征服从高斯分布，在此基础上估计出一个概率模型，用该模型估计待测样本属于非异常样本的可能性。异常检测步骤包括数据准备、数据分组、异常评估、异常输出等步骤。

（2）用户画像

用户画像的核心工作就是给用户打标签，标签通常是人为规定的高度精炼的特征标识，如年龄、性别、地域、兴趣等。由这些标签集合能抽象出一个用户的信息全貌，每个标签分别描述了该用户的一个维度，各个维度相互联系，共同构成对用户的整体描述。

在产品的运营和优化中，我们根据用户画像能够深入理解用户需求，从而设计出更适合用户的产品，提升用户体验。

（3）广告点击率预估

互联网广告是互联网公司主要的盈利手段，互联网广告交易的双方是广告主和媒体。广告主为自己的产品投放广告并为广告付费；媒体是有流量的公司，如各大门户网站、各种论坛，它们提供广告的展示平台，并收取广告费。广告点击率（click through rate, CTR）是指广告的点击到达率，即广告的实际点击次数除以广告的展现量。在实际应用中，我们从广告的海量历史展现点击日志中提取训练样本，构建特征并训练CTR模型，评估各方面因素对点击率的影响。当有新的广告位请求到达时，就可以用训练好的模型，根据广告交易平台传过来的相关特征预估这次展示中各个广告的点击概率，结合广告出价计算得到的广告点击收益，从而选出收益最高的广告向广告交易平台出价。

（4）企业征信大数据应用

征信是指为信用活动提供信用信息服务，通过依法采集、整理、保存、加工企业、事业单位等组织的信用信息和个人的信用信息，并提供给信息使用者。征信是由征信机构、信息提供方、信息使用方、信息主体4部分组成，综合起来，形成了一个整体的征信行业的产业链。

征信机构向信息提供方采集征信相关数据，信息使用方获得信息主体的授权以后，可以向征信机构索取该信息主体的征信数据，从征信机构获得征信产品，针对企业来说，是由该企业的各种维度数据构成的征信报告。

（5）智慧交通大数据应用

智慧交通大数据应用是以物联网、云计算、大数据等新一代信息技术，结合人工智能、机器学习、数据挖掘、交通科学等理论与工具，建立起的一套交通运输领域全面感知、深度融合、主动服务、科学决策的动态实时信息服务体系。基于人工智能和大数据技术的叠加效应，结合交通行业的专家知识库建立交通数据模型，解决城市交通问题，是交通大数据应用的首要任务。

5.3　数据挖掘分析

数据挖掘是人工智能和数据库领域研究的热点问题，所谓数据挖掘是指从数据库的大量数据中揭示出隐含的、先前未知的并有潜在价值的信息的非平凡过程。数据挖掘是一种决策支持过程，它主要基于人工智能、机器学习、模式识别、统计学、数据库、可视化技术等，高度自动化地分析企业的数据，做出归纳性的推理，从中挖掘出潜在的模式，帮助决策者调整市场策略，减少风险，做出正确的决策。数据挖掘主要有数据准备、规律寻找和规律表示3个步骤。数据准备是从相关的数据源中选取所需的数据，并整合成用于数据挖掘的数据集；规律寻找是用某种方法将数据集所含的规律找出来；规律表示是尽可能以用户可理解的方式（如可视化）将找出的规律表示出来。数据挖掘的任务有关联分析、聚类分析、分类分析、异常分析、特异群组分析和演变分析等。数据挖掘方法结合了机器学习、模式识别、统计学、数据库和人工智能等众多领域的知识，是解决从大量信息中获取有用知识，提供决策支持的有效途径，具有广泛的应用前景。本章以关联、分类、聚类以及回归为例，对当前数据挖掘的多种方法进行了研究，并指出其现存的问题。这些方法都有局限性，多方法融合，有机组合互补将成为数据挖掘的发展趋势。

5.3.1 数据挖掘常用方法

利用数据挖掘进行数据分析的常用方法主要有分类、回归分析、聚类、关联规则、特征分析、变化和偏差分析、Web页挖掘等，它们分别从不同的角度对数据进行挖掘。

①分类　是找出数据库中一组数据对象的共同特点并按照分类模式将其划分为不同的类，其目的是通过分类模型，将数据库中的数据项映射到某个给定的类别。它可以应用到客户的分类、客户的属性和特征分析、客户满意度分析、客户的购买趋势预测等，如一个汽车零售商将客户按照对汽车的喜好划分成不同的类，这样营销人员就可以将新型汽车的广告手册直接邮寄到有这种喜好的客户手中，从而大幅增加了商业机会。

②回归分析　反映的是事务数据库中属性值在时间上的特征，产生一个将数据项映射到一个实值预测变量的函数，发现变量或属性间的依赖关系，其主要的研究问题包括数据序列的趋势特征、数据序列的预测以及数据间的相关关系等。它可以应用到市场营销的各个方面，如客户寻求、保持和预防客户流失活动、产品生命周期分析、销售趋势预测及有针对性的促销活动等。

③聚类　是把一组数据按照相似性和差异性分为几个类别，使得属于同一类别的数据间的相似性尽可能大，不同类别中的数据间的相似性尽可能小。它可以应用到客户群体的分类、客户背景分析、客户购买趋势预测、市场的细分等。

④关联规则　是描述数据库中数据项之间所存在的关系的规则，即根据一个事务中某些项的出现可导出另一些项在同一事务中也出现，即隐藏在数据间的关联或相互关系。在客户关系管理中，通过对企业的客户数据库里的大量数据进行挖掘，可以从大量的记录中发现有趣的关联关系，找出影响市场营销效果的关键因素，为产品定位、定价与定制客户群，客户寻求、细分与保持，市场营销与推销，营销风险评估和诈骗预测等决策支持提供参考依据。

⑤特征分析　是从数据库中的一组数据中提取出关于这些数据的特征式，这些特征式表达了该数据集的总体特征。如营销人员通过对客户流失因素的特征提取，可以得到导致客户流失的一系列原因和主要特征，利用这些特征可以有效地预防客户的流失。

⑥变化和偏差分析　偏差包括很大一类潜在有趣的知识，如分类中的反常实例、模式的例外、观察结果对期望的偏差等，其目的是寻找观察结果与参照量之间有意义的差别。在企业危机管理及其预警中，管理者更感兴趣的是那些意外规则。意外规则的挖掘可以应用到各种异常信息的发现、分析、识别、评价和预警等方面。

⑦Web页挖掘　Internet的迅速发展及Web的全球普及，使得Web上的信息量无比丰富。我们通过对Web的挖掘，可以利用Web的海量数据进行分析，收集政治、经济、

政策、科技、金融、各种市场、竞争
对手、供求信息、客户等有关的信息，
集中精力分析和处理那些对企业有重
大或潜在重大影响的外部环境信息和
内部经营信息，并根据分析结果找出
企业管理过程中出现的各种问题和可
能引起危机的先兆，对这些信息进行
分析和处理，以便识别、分析、评价
和管理危机。

5.3.2　数据挖掘流程

　　数据挖掘流程是挖掘数据价值、
解决业务问题的系统性方法，如图5-28
所示。从业务理解到部署，每一步都
至关重要，共同构成了一个闭环的、

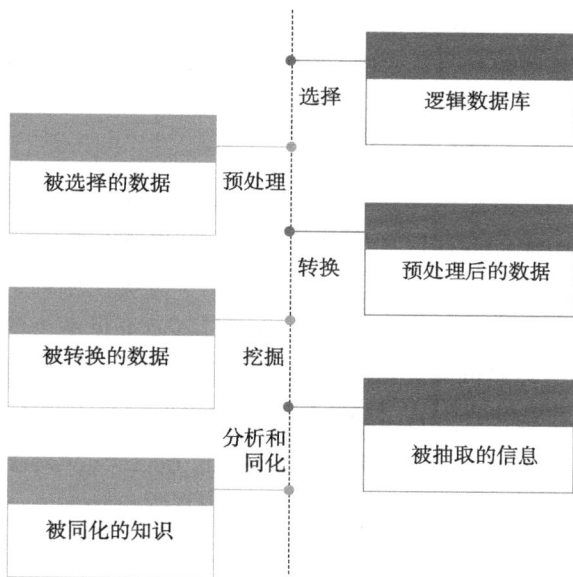

图 5-28　数据挖掘流程图

迭代的过程。这一节将详细介绍数据挖掘的6个阶段：业务理解、数据理解、数据准备、
模型建立、评估和部署。这些阶段环环相扣，旨在从原始数据中提取有用信息，构建预
测或决策模型，并将其应用于实际业务场景。通过这一流程，我们能够深入挖掘数据潜
力，为决策提供有力支持，推动企业持续发展和创新。

　　①业务理解（business understanding）　在这一阶段，我们需要确定数据挖掘的目
标和需求。这包括了解业务问题、确定项目的目标和范围，以及收集相关的背景信息。
业务理解是数据挖掘流程的基础，它帮助我们确定数据挖掘的方向和重点。

　　②数据理解（data understanding）　在这一阶段，我们开始收集原始数据，并使用
统计和可视化工具对数据进行初步探索。这有助于我们了解数据的质量和特性，发现
潜在的数据问题，如缺失值、异常值和不一致的数据。数据理解是确保数据质量的关
键步骤。

　　③数据准备（data preparation）　在这一阶段，我们需要对数据进行清洗和处理，
包括选择与分析目标相关的数据，进行数据转换和格式化。数据准备是确保数据适合
挖掘过程的关键步骤。

　　④模型建立（modeling）　在这一阶段，我们需要选择合适的算法和模型，并使用
训练数据集对模型进行训练。这包括设计测试来评估模型的性能，并调整参数以优化
模型性能。模型建立是数据挖掘的核心步骤，它决定了我们能够从数据中提取什么样
的信息和知识。

　　⑤评估（evaluation）　在这一阶段，我们使用测试数据集评估模型的预测能力，并
诊断模型可能存在的问题，如过拟合或欠拟合。评估是确保模型质量的关键步骤。

　　⑥部署（deployment）　在这一阶段，我们将模型部署到实际环境中，用于预测或

决策。同时，我们还需要持续监控模型的性能，定期进行更新和维护。部署是数据挖掘流程的最终步骤，它确保了数据挖掘的结果能够被实际应用。

5.3.3　数据挖掘技术

数据挖掘技术是揭示数据内在价值、提取有用信息的关键手段。本节将探讨几种主流的数据挖掘技术，包括人工神经网络、决策树、遗传算法、近邻算法和规则推导。这些技术各具特色，广泛应用于分类、回归、聚类、异常检测等任务，能够处理非线性、复杂的数据关系，为各行各业提供有力的决策支持。从模拟人脑神经元结构的人工神经网络，到基于树形结构的决策树，再到模拟自然选择和遗传机制的遗传算法，这些技术展现了数据挖掘的多样性和强大能力。

①人工神经网络（artificial neural networks，ANNs） 是一种模拟人脑神经元结构和功能的计算模型，由大量相互连接的节点（或称为神经元）组成。这些节点分为输入层、隐藏层和输出层，通过权重和激活函数进行信息传递和处理。ANNs可以用于多种数据挖掘任务，包括分类、回归、聚类和异常检测。它们具有较强的学习能力，能够处理非线性、复杂的数据关系，并且在图像识别、语音识别和自然语言处理等领域取得了显著成果。

②决策树（decision trees） 是一种基于树形结构的预测模型，它将数据集分为不同的子集，以最小化基尼指数或信息增益。决策树通过递归将数据分为不同的子集，直至满足某个终止条件（如子集纯度达到阈值）。决策树易于理解和解释，并且计算复杂度较低，因此在分类和回归分析中得到广泛应用。它们在信用评分、股票市场预测和疾病诊断等领域具有较高的准确率。

③遗传算法（genetic algorithms，GAs） 是一种模拟自然选择和遗传机制的优化算法，它通过选择、交叉和变异等操作来生成新的候选解。遗传算法适用于各种优化问题，包括数据挖掘中的特征选择、聚类和分类等。它们具有并行搜索和全局搜索的特点，能够在搜索空间中找到最优解或近似最优解。遗传算法在工程设计、资源分配和调度优化等领域取得了显著成果。

④近邻算法（nearest neighbors algorithms） 是一种基于实例的学习方法，它通过计算新数据点与训练数据集中其他数据点的相似度来预测新数据的类别或值。常见的近邻算法包括K-Nearest Neighbors（KNN）和最近邻算法。它们适用于分类和回归问题，并且在数据集较小或特征维度较高时具有较高的准确率。近邻算法在图像识别、语音识别和推荐系统等领域具有广泛的应用。

⑤规则推导（rule induction） 是一种基于归纳逻辑编程的数据挖掘技术，它通过从数据中推导出逻辑规则来发现数据中的模式和关联。规则推导算法包括RIPPER、RIPPER++和ID3等。它们适用于分类和预测问题，能够发现简洁、可解释的规则。规则推导算法在医疗诊断、金融风控和市场细分等领域具有较高的准确率。

5.4　预测性分析

预测性分析（predictive analytics）是运用各种统计学技术分析当前和历史的结构化和非结构化数据，从而对未来或者不确定的事件进行预测。预测性分析可运用于优化、预报、模拟和规划流程等。

5.4.1　预测性分析概述

预测性分析是一种统计分析方法，涵盖了各种统计学技术，包括预测模型、机器学习、数据挖掘等技术，利用这些技术来分析数据从而进行预测。预测性分析的工作原理是对模型进行训练，然后让模型根据输入的一组新变量预测数据的结果。模型将识别变量之间的关系和模式，然后根据其所接受的训练给出评分。预测性分析的核心就是通过对数据进行深入挖掘和分析找到它们之间的关联性和规律性，从而对未来进行预测。

（1）预测性分析步骤

预测性分析作为一种强大的数据分析方法，能够帮助企业或个人在不确定的未来环境中做出更加明智的决策。以下是一系列详细的步骤，指导如何有效地进行预测性分析。

①确定预测对象　明确预测的目标是什么，比如预测销售额、用户增长、市场趋势、设备故障率等。确定预测的时间范围（如短期、中期、长期）和地理范围（如全国、某地区）。最后将预测目标转化为可量化的具体指标，以便后续分析和比较。

②收集和处理数据　首先识别所有可能与预测目标相关的数据，如历史销售数据、市场研究报告、社交媒体数据、用户行为数据等。通过数据库查询、API接口调用、爬虫技术等手段收集与预测目标相关的数据，并且要保证收集的数据具有适合的时间范围。再对数据进行预处理，包括去除重复项、填补缺失值、纠正错误数据、转换数据格式等。最后将不同来源的数据整合到一个统一的数据集中，确保数据的一致性和完整性以便于后续建模和分析。

③选择预测方法　首先根据数据的特性和预测目标的要求评估合适的预测方法，如时间序列数据适合用时间序列分析。然后对选定的方法进行初步测试，以评估其可行性。

④构建模型　将数据集分为训练集、验证集和测试集，以确保模型的泛化能力。使用选定的方法，在训练集上构建预测模型。通过交叉验证等技术调整模型参数，优化模型性能。

⑤运行分析　先在训练集上训练模型，使模型能够学习到数据中的规律和模式。再使用训练好的模型对验证集或测试集进行预测，生成预测结果。

⑥验证并优化模型　首先可以从以下3方面验证模型：对比评估，即将预测结果与

实际值进行对比，计算误差率、准确率等指标，评估模型性能；敏感性分析，即探讨不同输入变量对预测结果的影响，了解模型的敏感性和稳定性；鲁棒性检验，即测试模型在异常数据或极端条件下的表现，确保模型的鲁棒性。然后基于验证结果对模型进行迭代改进，如调整模型结构、更换预测方法、引入新特征等。也可以考虑将多个预测模型进行融合以提升整体预测性能。最后建立机制定期监控模型性能，确保模型适应数据和环境的变化。

⑦验证结果并决策支持　验证结果的准确性和可靠性，确保它们符合业务逻辑，根据分析结果得到决策，将决策和分析过程中得到的重要发现提供给使用者。

（2）预测性分析特点

预测性分析作为现代数据分析领域的核心工具之一，凭借其独特的特性和优势，在众多行业和应用场景中发挥着不可估量的作用。预测性分析的特点涵盖了数据驱动、算法多样、预测未来、决策支持、广泛应用、实时性、精准度以及洞察力等。

①数据驱动　预测性分析的核心在于数据，其分析过程完全基于大规模、多维度的数据集合。它依赖于高质量的数据输入，通过对历史数据、实时数据、外部数据等多维度数据的综合分析，从数据中提取出有价值的信息和模式，进而对未来的发展趋势进行预测。数据驱动的特点使得预测性分析具有客观性和科学性，减少了主观判断对预测结果的影响。

②算法多样　预测性分析采用了多种算法和技术。每种算法都有其独特的优势和适用场景，可以根据预测目标、数据类型和精度要求等条件进行选择。算法多样性不仅丰富了预测性分析的手段，也提高了预测的准确性和灵活性。

③预测未来　预测性分析的核心功能在于对未来的发展趋势进行预测。通过对历史数据的分析和学习，预测性分析能够揭示数据背后的规律和模式，进而对未来可能出现的情况进行预测和推断。这种预测能力为企业和个人提供了前瞻性的视角，有助于帮助企业和个人提前制定应对策略。

④决策支持　预测性分析不仅提供预测结果，更重要的是为决策提供有力支持。通过提供基于数据的预测和洞察，预测性分析帮助企业或个人更加科学地评估风险、识别机会、制定战略和计划。决策支持的特点使得预测性分析成为企业管理和个人规划中不可或缺的工具。

⑤广泛应用　预测性分析具有广泛的应用领域和场景。从市场营销到金融风控，从供应链管理到智能制造，从医疗健康到教育研究，预测性分析都发挥着重要作用。其广泛的适用性使得预测性分析成为各行各业提升竞争力、优化资源配置、提高运营效率的重要手段。

⑥实时性　随着大数据和云计算技术的发展，预测性分析逐渐实现了实时分析和预测。通过对实时数据的快速处理和分析，预测性分析能够及时反映市场动态、客户需求等变化信息，为企业或个人提供及时的决策依据。实时性的特点使得预测性分析在应对突发事件和快速变化的市场环境中具有独特优势。

⑦**精准度**　是衡量其性能的重要指标之一。通过不断优化算法模型、提高数据质量、加强模型验证等手段，预测性分析能够不断提升预测结果的精准度。精准度的提升有助于企业或个人更加准确地把握市场趋势、评估风险、制定策略等。

⑧**洞察力**　预测性分析不仅提供预测结果，更重要的是提供对数据背后深层次规律的洞察力。通过对数据的深入分析和挖掘，预测性分析能够揭示出隐藏在数据中的有价值信息和模式，为企业或个人提供更加全面、深入的洞察和理解。这种洞察力有助于企业或个人更加准确地把握市场动态、识别潜在机会和威胁等。

（3）预测性分析指标

随着技术的不断进步和应用场景的不断拓展，预测性分析必将为企业和个人带来更多的价值和机遇。不可忽略的是预测性分析的效果有优劣之分，为了更好地评估预测性分析的效果，可以参考以下指标和方法：

①**误差**　通过预测结果与实际结果之间的误差来评估预测模型的性能。常用的误差度量指标包括均方误差（MSE）、均方根误差（RMSE）、平均绝对误差（MAE）等。均方误差和均方根误差更注重真实值和预测值的差的平方，平均绝对误差更注重真实值和预测值的绝对值误差并且对极端值更敏感。我们可以根据需要选择不同的指标进行评估，从而评价预测结果的准确性和稳定性。

②**准确性**　通过计算准确率、精确率与召回率、F1分数等指标来评估预测模型的性能，这些指标能够反映模型在不同类别上的预测能力。准确率评估适用于类别分布相对均衡的数据集，以及对于误分类代价相差不大的情况。精确率和召回率评估常需要权衡考虑，这种权衡关系可以通过绘制P-R曲线来直观展示，当算法在保持高精确率的同时也能获得较高的召回率，就说明它是一个性能较好的算法。F1值是精确率和召回率的调和平均值，用于综合考虑这两个指标，F1值评估适用于不平衡的数据集。

③**交叉验证**　是一种常用的模型评估方法，它将数据集分为多个子集，并轮流使用不同的子集进行训练和测试。通过多次训练和测试的平均结果来评估模型的性能，以避免过拟合和欠拟合的问题。

④**业务价值评估**　除了技术层面的评估外，还需要从业务价值的角度评估预测性分析的效果。这包括评估预测结果对企业决策的影响、对企业利润的贡献、对客户满意度的提升等方面。通过量化这些业务价值指标，可以更全面地评估预测性分析的实际效果。

未来，机器学习和人工智能技术的进步将使预测性分析更加准确和可靠，云计算和边缘计算的普及将提升预测性分析的处理能力和效率。同时，随着对数据的安全管理和隐私保护的重视，数据使用的安全性和隐私性会增强。

预测性分析能帮助企业更好地了解市场趋势和客户需求从而制定更精确的策略，也可以帮助企业识别潜在的危险和机遇从而制定应对措施，所以现在预测性分析技术已经成为许多企业与公司的核心竞争力。预测性分析具有广阔的发展前景。数据的不断增长和技术的不断进步将为预测性分析提供更多发展机遇。预测性分析的发展将帮助人们做出更明智的决策，进而推动社会的进步。预测性分析的发展也面临一些挑战，如数据质量的问题、人才缺乏问题等。

5.4.2 预测性分析方法

预测性分析方法是基于机器学习和深度学习进行预测。

（1）基于机器学习的预测算法

该类预测算法包括线性回归、逻辑回归、决策树、K-Means算法、支持向量机、随机森林等。本文介绍3种基本算法。

①线性回归　通常是人们在学习预测模型时首选的技术之一，它返回的是具有无限可能的连续性结果。在这种技术中，因变量是连续的，自变量可以是连续的，也可以是离散的，回归线的性质是线性的。用一个方程式来表示它，即 $Y = a + b \times X + e$，其中 a 为截距，b 为直线的斜率，e 为误差项。这个方程可以根据给定的预测变量来预测目标变量的值。

②逻辑回归　是用来计算"事件=Success"和"事件=Failure"的概率，它返回的是可能性有限的结果。当因变量的类型属于二元变量时，就应该使用逻辑回归。

③决策树　是一种以树形数据结构来展示决策规则和分类结果的模型，其重点是将看似无序杂乱的已知数据，通过某种技术手段转化为可以预测未知数据的树状模型，每一条从根节点到叶子节点的路径都代表一条决策规则。其中根节点是对最终分类结果贡献最大的属性，叶子节点是最终分类结果。

（2）基于深度学习的预测算法

①卷积神经网络（CNN）　是一种具有局部连接、权值共享等特点的深层前馈神经网络，是深度学习的代表算法之一。它的基本结构大致包括卷积层、激活函数、池化层、全连接层、输出层等，擅长处理图像特别是图像识别的问题，在图像分类、目标检测、图像分割等各种视觉任务中都有显著的提升效果，是目前应用最广泛的模型之一。

②循环神经网络（RNN）　源自1982年，由Saratha Sathasivam 提出的霍普菲尔德网络，是一种对序列数据有较强的处理能力的网络。它的结构包括3个部分：输入层、隐藏层和输出层。循环神经网络是指在全连接神经网络的基础上增加了前后时序上的关系，可以更好地处理与时序相关的问题，它可以在网络模型中不同部分进行权值共享，使得模型可以扩展到不同样式的样本，例如，卷积神经网络中一个确定好的卷积核模板，几乎可以处理任何大小的图片，将图片分成多个区域，使用同样的卷积核对每一个区域进行处理，最后可以获得处理结果。同样的，循环网络使用类似的模块对整个序列进行处理，可以将很长的序列进行泛化，得到需要的结果。

③生成对抗网络（GAN）　是近年来复杂分布上无监督学习最具前景的方法之一。生成对抗模型通过框架中的生成模块和判别模块的相互博弈学习产生结果，在实用中生成模型和判别模型一般均使用深度神经网络。随着生成对抗网络在理论和模型上的

快速发展，它在计算机视觉、自然语言处理、人机互动等领域有着越来越深入地运用并向其他领域不断延展。

④长短期记忆神经网络（LSTM）　近年来，卷积神经网络与长短期记忆神经网络组合模型运用得越来越广泛。卷积神经网络-长短期记忆神经组合模型的基本原理是，首先卷积神经网络用于提取输入数据的局部特征；然后将这些特征序列输入长短期记忆神经网络中，长短期记忆神经网络会根据序列的时序关系进行建模和预测；最后通过全连接层或其他分类器对长短期记忆神经网络的输出进行分类或回归。

此外，还可以基于机器学习和深度学习进行时间序列预测。基于机器学习的时间序列预测通常涉及使用统计模型或传统机器学习算法来分析时间序列数据并预测未来的值。用于时间序列预测的模型通过分析时间序列数据的统计特性来建立，处理线性时间序列数据。在实际应用中，这些模型可能需要进行数据的预处理，并需要手动进行特征工程来提取时间序列的关键特征。基于机器学习的时间序列预测侧重于统计模型和传统机器学习算法，适合处理线性和相对简单的时间序列数据。

基于深度学习的时间序列预测则利用神经网络的强大能力来自动学习时间序列数据的复杂模式和非线性关系。深度学习模型，如循环神经网络、长短期记忆网络，能够处理长距离依赖问题，并且能够从大量数据中学习时间序列的动态特征。这些模型通常不需要显式的特征工程，因为它们能够通过端到端的学习过程自动提取特征。深度学习模型在处理大规模时间序列数据集时显示出优越的性能，尤其是在捕捉时间序列的复杂动态和长期依赖性方面。基于深度学习的时间序列预测则利用神经网络的能力来处理更为复杂和非线性的时间序列数据，提供了更高的预测精度和灵活性。

5.5　即席查询分析

利用大数据技术进行即席查询分析成为近两年日益关注的领域。即席查询分析是用户根据自己的需求，灵活地选择查询条件，系统能够根据条件快速地进行查询分析并返回结果。即席查询分析解决了商业智能分析人员的便捷交互式分析的问题。

5.5.1　即席查询分析概述

即席查询分析（ad-hoc query）又称即席分析，是一种灵活的数据分析方式。即席查询分析的计算模式兼具了良好的时效性与灵活性，是对批处理、流计算两大计算模式有力补充。它允许客户自定义查询条件，通过数据仓库和大数据平台直接对数据进行即时查询、探索和可视化，从而帮客户从数据中获得有价值的信息，它为传统上僵化的 BI 报告流程引入了灵活性和自发性。即席查询分析是对数据的快速深入研究，以找到具体问题的特定答案。这个答案通常是暂时的，用于告知可以立即采取行动的短期决策。

选择即席查询 分析工具	→	数据准备和 探索	→	设置即席分析 结果样式表
验证结果和 决策支持	←	进行查询和 分析	←	

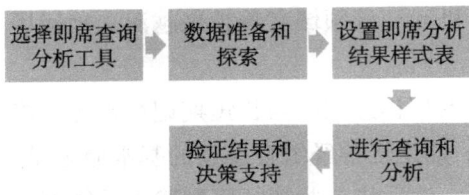

图 5-29　即席查询分析步骤

即席查询分析作为数据分析的重要组成部分，以其优秀的能力和广泛的适用场景在许多领域发挥着越来越重要的作用。即席查询分析能够迅速响应客户需求，通过图表使数据分析结果更加直观清晰，便于客户理解。以下是即席查询分析的详细步骤（图5-29）：

①选择即席查询分析工具　根据需要和设备条件选择适合该业务的即席查询分析工具。Kylin可以在查询数据后立马进行可视化；Impala基于内存计算，速度快；Presto的所有的处理都在内存中；Druid完成查询的时候也是按照时间线去路由索引。

②数据准备和探索　首先根据分析目标收集所需的数据，这包括内部数据和外部数据；然后处理缺失值、异常值、重复数据以确保数据的质量；再将来自不同来源的数据整合到一个统一的数据集中。数据准备和探索可初步了解数据的基本特征，如分布、趋势等。

③设置即席分析结果样式表　选择统计图表来可视化数据，如条形图、折线图、散点图，从而更加清晰地展示分析结果。

④进行查询和分析　在分析工具的界面进行数据查询，再根据数据特征选择合适的模型对数据进行更深入地分析以得到分析结果。如果是简单的分析可能不需要复杂的模型。

⑤验证结果和决策支持　验证结果的准确性和可靠性，确保它们符合业务逻辑，将分析结果用表格展示并根据分析结果提供行动计划或建议。

即席查询分析操作灵活并且具有时效性，所以常用于应对突发事件，解决需要实时计算、即时做出决策的问题，解决溯源分析中变量多、对比难的问题，解决数据效果推理中用户标签复杂和决策团体关注点不同的问题等。

即席查询分析能够帮助企业即时做出短期决策，因而被运用于金融服务、零售、制造、互联网等领域。未来，随着数据量的增加，客户需求的变化，以及云计算、人工智能的发展，即席查询分析的灵活性和实时性增强。即席查询分析将注重客户自助性，普及自动式分析，以减少对专业人员的依赖；将支持更多数据源，提高数据整合能力；将更加注重数据使用安全和隐私。

5.5.2　即席查询分析方法

常见的即席查询分析框架主要有以下几种：Impala、Kylin、Druid、Hawq、Dremel、Drill、Phoenix、Apache Tajo、Presto、Hortonworks Stinger。

Impala是一种开源免费的新型查询系统，它是性能最高的SQL引擎（提供类似关系型数据库管理系统的体验），提供了访问存储在Hadoop分布式文件系统中的数据的最快方法。但它提供的是批处理，难以满足查询的交互性。

Kylin（图5-30）是一个开源的、分布式的分析型数据仓库，提供Hadoop/Spark之上的SQL查询接口及多维分析（OLAP）能力，以支持超大规模数据，最初由eBay开发并贡献至开源社区。

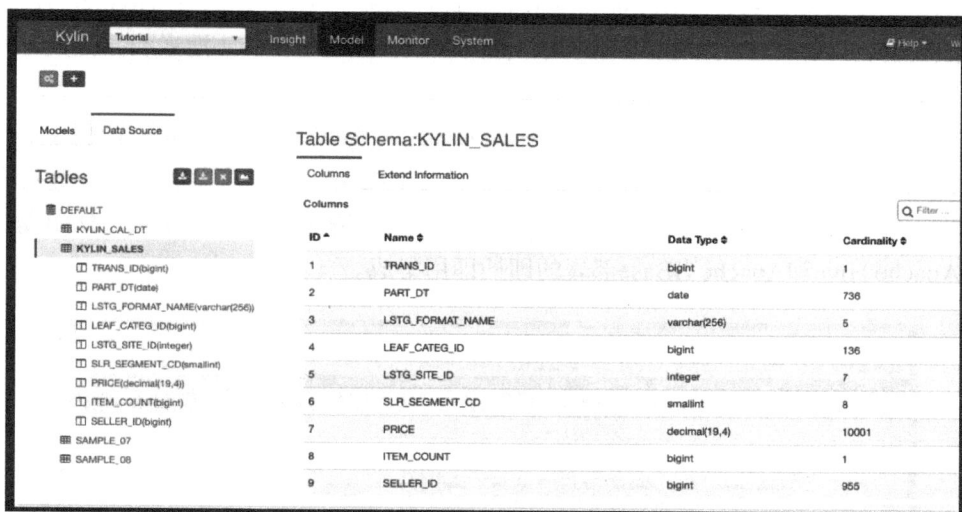

图 5-30　Kylin 使用界面

Druid（图5-31）是一个实时分析型数据库，旨在对大型数据集进行快速的查询分析。Druid最常被当作数据库来用以支持实时摄取、高性能查询和高稳定运行的应用场景。同时，Druid也通常被用来助力分析型应用的图形化界面，或者当作需要快速聚合的高并发后端API，Druid最适合应用于面向事件类型的数据。

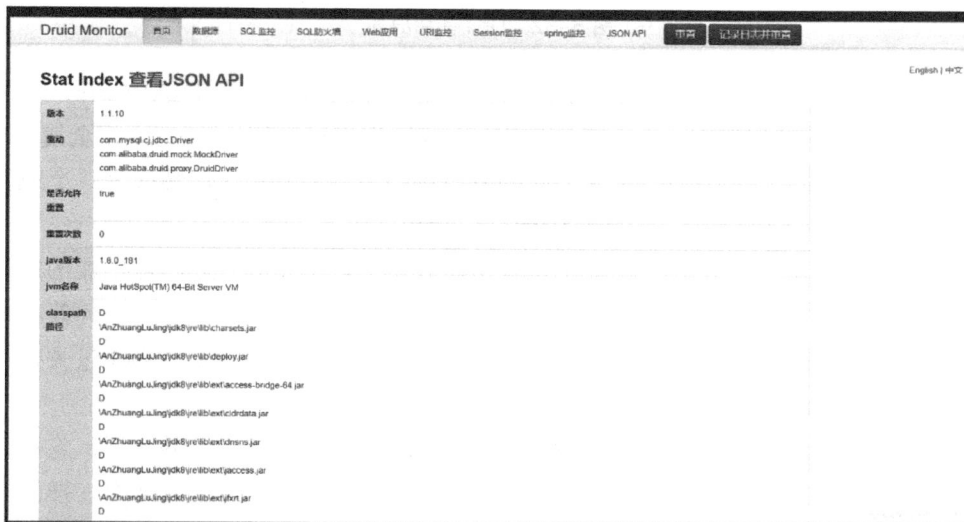

图 5-31　Druid 使用界面

Hawq是一个Hadoop原生大规模并行SQL分析引擎，针对的是分析性应用。和其他关系型数据库类似，接受SQL，返回结果集。但它具有大规模并行处理很多传统数据库以及其他数据库没有的特性及功能。

Dremel是Google的"交互式"数据分析系统。Dremel系统有下面几个主要的特点：Dremel是一个大规模系统；Dremel是MR交互式查询能力不足的补充；Dremel的数据模型是嵌套的，Dremel中的数据是用列式存储的；Dremel结合了Web搜索和并行数据库管理系统的技术。

Drill（图5-32）是一个用于大数据探索的Apache开源SQL的分布式查询引擎。Drill的设计初衷是支持对来自现代大数据应用程序的半结构化和快速发展的数据进行高性能分析，同时仍然提供行业标准查询语言ANSI SQL的熟悉度和生态系统。Drill提供与现有Apache Hive和Apache HBase部署的即插即用集成。

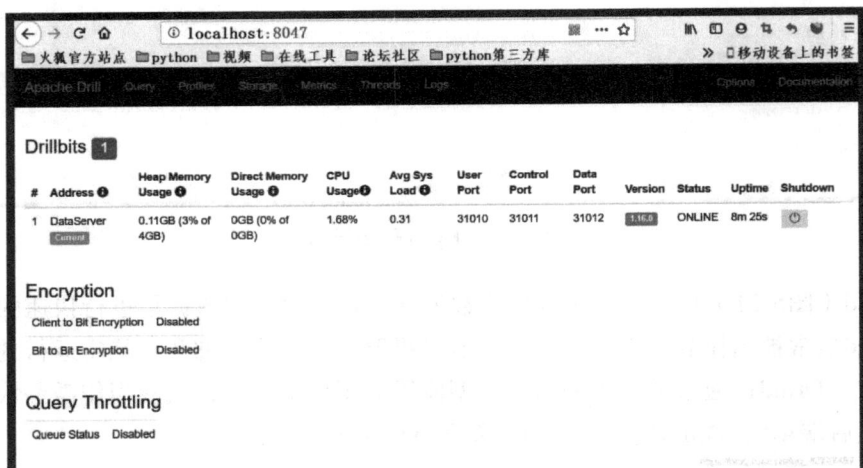

图 5-32　Drill 使用界面

Phoenix是构建在HBase上的一个SQL层，能让我们用标准的JDBC APIs，而不是HBase客户端APIs来创建表、插入数据和对HBase数据进行查询。Phoenix完全使用Java编写，作为HBase内嵌的JDBC驱动。Phoenix查询引擎会将SQL查询转换为一个或多个HBase扫描，并编排执行以生成标准的JDBC结果集。

Apache Tajo是一个关系型分布式数据处理框架。它专为低延迟和可扩展的即时查询分析而设计。Tajo支持标准SQL和各种数据格式。大多数Tajo查询无需任何修改即可执行。Tajo执行必要的ETL操作来汇总存储在HDFS上的大型数据集。它通过失败任务的重启机制和可扩展查询重写引擎实现容错，是Hive/Pig的替代选择。

Presto是一个分布式的SQL查询引擎，由Facebook在2012年开发并开源，它可以查询来自多个数据源的大数据集合，并且可以获得像使用单一关系型数据库一样的性能表现。

Hortonworks Stinger是Hortonworks公司提供的数据分析工具，它提供低延迟和大规模、高吞吐的作业负载的处理。

5.6　林业大数据分析实例

大数据分析技术被广泛运用于各个领域，本节主要介绍几种大数据分析技术在林业工程方面的运用案例。

（1）联合多源遥感数据的森林识别

联合Landsat时间序列光学影像和PALSAR-2雷达数据，以及决策树算法实现森林等典型地类遥感分类的完整流程。该专题涉及影像数据时空过滤、光学影像批量云掩膜与植被指数计算，分层随机抽样及样本导出、本地端质量控制与云端上传、样本随机切分、可分离性分析、分类算法构建及应用、分类后处理和精度评估，专题图绘制等。

在基于多源遥感数据的祁连山国家公园森林生物量估算研究中，将Landsat影像、无人机、激光雷达和森林调查数据结合，利用多元线性回归、随机森林、支持向量机模型和Boosting 4种算法，对祁连山国家公园森林地上生物量进行了精确估算，并基于Landsat数据绘制2019年祁连山国家公园的森林地上生物量空间分布图。

（2）长时间尺度的森林状态监测

利用长时间序列的MODIS或Landsat影像数据，对森林状态进行长期监测，分析森林植被绿化或褐变情况。该专题涉及时间序列影像预处理、影像集连接、影像合成、变化趋势非参数检测、显著性检验和变化趋势量化与分级、空间统计和结果可视化、专题图绘制等。

（3）森林砍伐与退化监测

联合Landsat系列影像、光谱分离模型和NDFI归一化差值分数指数实现森林的砍伐和退化监测。该专题涉及影像预处理、混合像元分解、NDFI指数计算、函数封装、变化检测和强度分级、结果可视化、专题图绘制等。

（4）森林火灾监测

利用Landsat和Sentinel-2时间序列光学遥感影像，监测森林火灾损失情况，实现火灾强度分级。该专题涉及影像过滤、Landsat和Sentinel-2光学影像除云等预处理、植被指数计算、影像合成、火灾区域识别和灾害强度分级、结果统计分析与可视化等。

（5）森林关键生理参数

联合GEDI激光雷达、Landsat/Sentinel-2多光谱光学影像、Sentinel-1 /PALSAR-2雷达影像等和机器学习算法反演森林的关键物理参数，如树高、生物量/碳储量。该专题涉及GEDI激光雷达数据介绍、常见光学和雷达数据处理、机器学习算法应用、反演精度评估和变量重要性分析、结果可视化等内容。

参考文献

顾顺德，2022.数据可视化与分析基础[M].北京：中国铁道出版社.

韩家炜，裴健，范明，2012. 数据挖掘：概念与技术[M]. 北京：机械工业出版社.

林子雨，2020. 大数据导论[M]. 北京：人民邮电出版社.

吕晓玲，宋捷，2016. 大数据挖掘与统计机器学习[M]. 北京：中国人民大学出版社.

美杜尔森·德伦，2023. 预测性分析：基于数据科学的方法（原书第2版）[M]. 北京：机械工业出版社.

王坚，戴毅茹，凌卫青，2023. 工业大数据与知识图谱[M]. 北京：清华大学出版社.

王新宇，2020. Python机器学习开发实战[M]. 北京：人民邮电出版社.

王永全，单美静，2016. 计算思维与计算文化[M]. 北京：人民邮电出版社.

姚海鹏，王露瑶，刘韵洁，2017. 大数据与人工智能导论[M]. 北京：人民邮电出版社.

张晓东，2021. 数据分析与挖掘算法[M]. 北京：电子工业出版社.

周志华，2016. 机器学习[M]. 北京：清华大学出版社.

朱晓峰，王忠军，张卫，2021. 大数据分析指南[M]. 南京：南京大学出版社.

研究数据是科学研究的重要工作。而要研究数据，首先必须了解我们处理的对象——数据本身。

研究数据就需要用到数据处理工具，处理大数据的工具主要包括分布式计算框架、数据存储和管理工具，以及专门的数据处理和分析工具。分别有：分布式计算框架、数据存储和管理工具、数据处理和分析工具。这些工具各有特点，适用于不同的数据处理和分析需求。例如，我们本章将学到的Hadoop和Spark主要用于大规模数据的存储和处理，Storm则适用于实时数据处理和分析，R语言和Python在统计数据和模型训练方面应用广泛。

6.1　Hadoop

Hadoop是一个由Apache基金会所开发的分布式系统基础架构，是Apache的顶级项目，主要解决海量数据的存储和海量数据的分析计算问题。

6.1.1　Hadoop 概述

Hadoop是基于Java语言开发的，具有良好的跨平台特性，并且可以部署在廉价的计算机集群中，是一种具有高可靠性、高效性、高可扩展性、高容错性、成本低、运行在Linux平台上以及支持多种编程语言等特性的软件框架。凭借其突出

图 6-1　Hadoop 的 Logo

的优势，Hadoop已经在各个领域得到了广泛的应用，互联网领域是其主要应用阵地，像雅虎、脸书、百度和华为等国内外大型互联网企业都是Hadoop的使用者。经过多年的发展，目前Hadoop已经具备一套成熟的生态系统，除了HDFS和Mapreduce两个核心构架以外，Hadoop生态系统还包括ZooKeeper、HBase、Hive、Pig、Flume等一系列配套的功能组件。

（1）Hadoop的优势

Hadoop的优势在于它的免费开源、高可靠性、高扩展性、高效性以及高容错性。

①高可靠性　Hadoop底层维护多个数据副本，所以即使Hadoop某个计算元素或存储出现故障，也不会导致数据的丢失。

②高扩展性　在集群间分配任务数据，可方便地扩展数以千计的节点。

③高效性　在MapReduce的思想下，Hadoop是并行工作的，以加快任务处理速度。

④高容错性　能够自动将失败的任务重新分配。

Hadoop是开源的，可运行于大规模集群上的分布式计算平台，它实现了Mapreduce计算模型和分布式文件系统HDFS等功能。借助于Hadoop，程序员可以轻松地编写分布式并行程序，将其部署在分布式集群上，以实现海量数据的存储与处理分析。

（2）Hadoop发展历史

2001年年底，Lucene成为Apache基金会的一个子项目。Lucene框架是Doug Cutting开创的开源软件，用Java书写代码，实现了与Google类似的全文搜索功能，它提供了全文检索引擎的架构，包括完整的查询引擎和索引引擎。对于海量数据的场景，Lucene面对与Google同样的困难——存储数据困难，检索速度慢。它学习和模仿Google解决这些问题，即微型版Nutch。可以说，Google是Hadoop的思想之源。

2003—2004年，Google公开了部分GFS和MapReduce思想的细节，以此为基础，Doug Cutting等用了2年业余时间实现了DFS和MapReduce机制，使Nutch性能飙升。2005年，Hadoop作为Lucene的子项目Nutch的一部分正式引入Apache基金会。2006年3月，Map-Reducc和Nutch Distributed File System（NDFS）分别被纳入Hadoop项目中，Hadoop就此正式诞生，这标志着大数据时代来临。

6.1.2　Hadoop 核心构架及组件

Hadoop作为一个分布式计算平台，其核心构架和组件在处理大规模数据时发挥着关键作用。它通过高效的数据存储和分布式计算框架，为用户提供了强大的数据管理能力。以下是Hadoop的核心构架和主要组件：

（1）Hadoop的核心构架

Hadoop的核心构架是HDFS、MapReduce。随着处理的任务不同，各种组件的相继出现，构成了Hadoop生态圈。自从大数据的概念被提出后，出现了很多相关技术，其中对大数据发展最有影响力的就是开源分布式计算平台Hadoop，就像软件发展史上的Window、Linux、Java一样，Hadoop的出现给接下来的大数据技术发展带来了巨大的影响。很多知名公司都加入Hadoop相关项目的开发中，如Facebook、Yahoo等，围绕大数据Hadoop技术产生了一系列大数据的相关技术。如Sqoop、Flume、Kafka、Storm、Spark、Oozie、HBase、Hive、Apache Mahout和ZooKeeper等，这些项目组成了大数据技术的开源生态圈，如图6-2所示。开源的Hadoop项目极大地促进了大数据技术在很多行业的应用发展。

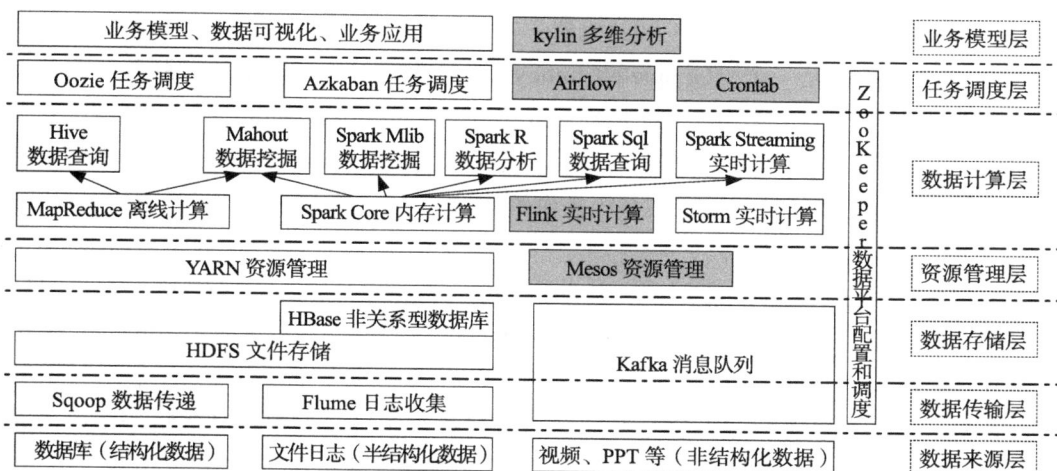

图 6-2　大数据技术生态体系图

①Sqoop　是一款开源的工具，主要用于在Hadoop、Hive与传统的数据库（MySQL）间进行数据的传递，可以将一个关系型数据库（如MySQL、Oracle等）中的数据导到Hadoop的HDFS中，也可以将HDFS的数据导到关系型数据库中。

②Flume　是Cloudera提供的一个高可用的、高可靠的、分布式的海量日志采集、聚合和传输的系统。Flume支持在日志系统中定制各类数据发送方，用于收集数据；同时，Flume提供对数据进行简单处理，并具有将数据写到各种数据接受方（可定制）的能力。

③Kafka　是一种高吞吐量的分布式发布订阅消息系统，通过O（1）的磁盘数据结构实现消息的持久化，能够在处理TB级别的消息存储时依然保持长时间的稳定性能。即使在非常普通的硬件上，Kafka也可以支持每秒数百万条消息的高吞吐量。此外，Kafka还支持通过服务器和消费机集群对消息进行分区，并支持Hadoop的并行数据加载。

④Storm　用于"连续计算"，对数据流做连续查询，在计算时就将结果以流的形式输出给用户。

⑤Spark　是当前最流行的开源大数据内存计算框架，可以基于Hadoop上存储的大数据进行计算。

⑥Oozie　是一个管理Hadoop作业（job）的工作流程调度管理系统。

⑦HBase　是一个分布式的、面向列的开源数据库。HBase不同于一般的关系型数据库，它是一个适合于非结构化数据存储的数据库。

⑧Hive　是基于Hadoop的一个数据仓库工具，可以将结构化的数据文件映射为一张数据库表，并提供简单的SQL查询功能，可以将SQL语句转换为MapReduce任务进行运行。其优点是学习成本低，可以通过类SQL语句快速实现简单的MapReduce统计，不必开发专门的MapReduce应用，十分适合数据仓库的统计分析。

⑨Apache Mahout　是个可扩展的机器学习和数据挖掘库。

⑩ZooKeeper　是一个受Google的Chubby系统启发而开发的开源协调服务。它是一个针对大型分布式系统的可靠协调系统，提供的功能包括配置维护、名字服务、分布式同步、组服务等。ZooKeeper的目标就是封装好复杂、易出错的关键服务，将简单易用的接口和性能高效、功能稳定的系统提供给用户。

（2）Hadoop的核心组件

①HDFS　Hadoop分布式文件系统是Hadoop的核心组件之一。它被用于存储文件，通过目录树来定位文件；它是分布式的，由很多服务器联合起来实现其功能，集群中的服务器有各自的角色。分布式文件系统把文件存储到多个计算机节点上，成千上万的计算机节点构成计算机集群，分布式存储的优势在于可以有效地利用集群中的所有节点存储空间，并且通过数据的复制和容错机制，提高数据的可靠性和可用性。HDFS适合一次写入，多次读出的场景。HDFS具有高容错性，可构建在廉价的服务器上，适合存储大量数据，HDFS上的一个典型文件大小一般都在G字节至T字节，HDFS支持大文件存储，单一HDFS实例能支撑数以千万计的文件。HDFS还具有简单的一致性模型，简化了数据一致性问题，并且使高吞吐量的数据访问成为可能，Map/Reduce应用或者网络爬虫应用都非常适合这个模型。分布式文件系统把文件存储到多个计算机节点上，成千上万的计算机节点构成计算机集群。HDFS采用主从架构，它包括一个NameNode和多个DataNode组成。NameNode负责管理文件系统的命名空间和存储元数据信息，而DataNode负责存储实际的数据块。NameNode记录了文件的目录结构、文件与数据块的映射关系以及数据块的复制情况等元数据信息。DataNode负责存储数据块，并向NameNode定期汇报数据块的状态。

②MapReduce　是一种编程模型，用于大规模数据集的并行运算，它将复杂的、运行于大规模集群上的并行计算过程高度地抽象到了两个函数——Map和Reduce上。它把输入的数据集切分为若干独立的数据块，分发给一个主节点管理下的各个分节点来共同完成，最后，通过整合各个节点的中间结果得到最终结果。

在MapReduce中，一个存储在分布式文件系统中的大规模数据集会被切分成许多独立的小数据块，这些小数据块可以被多个Map任务并行处理。MapReduce框架会为每个Map任务输入一个子集，Map任务生成的结果会继续作为Reduce任务的输入，最后由Reduce任务输出最后结果，并写入分布式文件系统。

MapReduce模型的核心是Map函数和Reduce函数，二者都是由应用程序开发者负责具体实现的。MapReduce编程之所以比较容易，是因为程序员只要关注如何实现Map和Reduce函数，而不需要处理并行编程中的其他各种复杂问题，如分布式存储、工作调度、容错处理等，这些问题由MapReduce框架负责处理。

MapReduce的核心思想可以用"分而治之"来描述，如图6-3所示，就是把一个大的数据集拆分成多个小数据块在多台机器上并行处理。

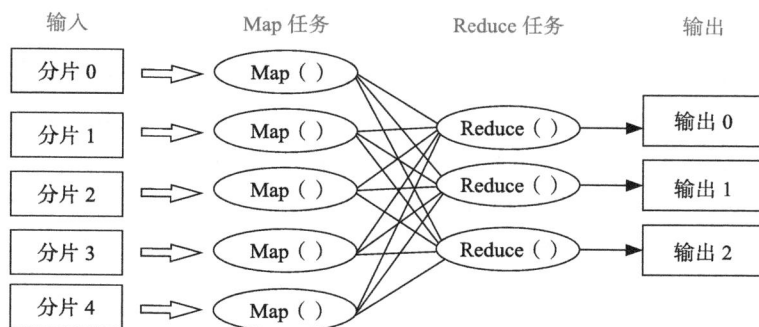

图 6-3　MapReduce 的工作流程图

6.1.3　Hadoop 的获取及发展趋势

Hadoop有三大发行版本：Apache、Cloudera、Hortonworks。其中，Apache版本是最基础的版本，也是官方发布版本，对于入门学习最好，更新迭代较快，但兼容稳定性不强。Cloudera在大型互联网企业中应用较多，提供了更加稳定的企业级解决方案和商业支持，适用于对数据处理和集群管理有较高要求的大型企业。Hortonworks版本的文档较好，适合开发人员和管理员深入了解和配置Hadoop系统。

（1）Hadoop的获取

可以从Hadoop官网（http://hadoop.apache.org）浏览关于Hadoop的更多信息。Apache版本由开源社区发行，可在Hadoop官方网站获取，如图6-4所示。其余两个版本需付费使用，同样可在官方网站下载获取。

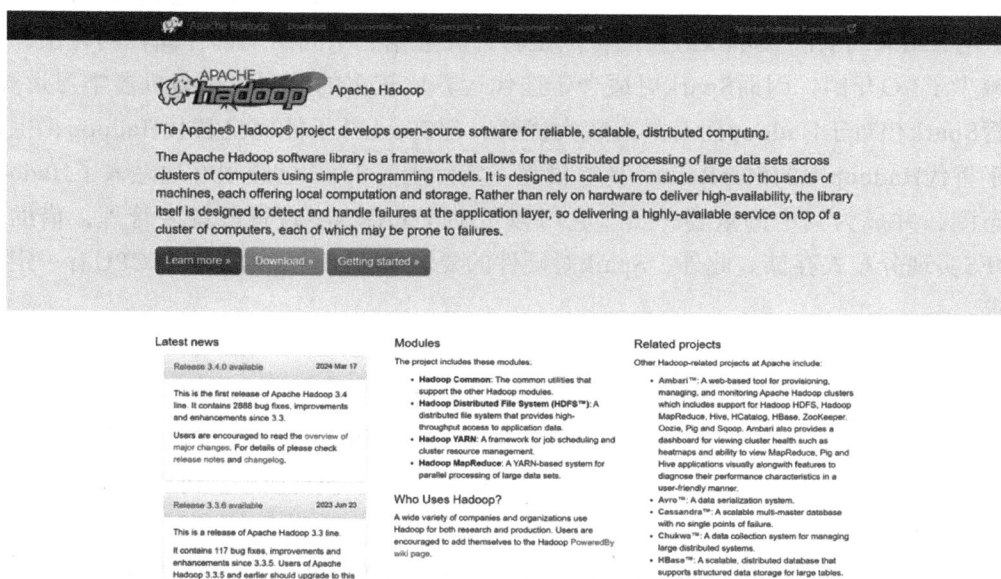

图 6-4　Hadoop 的官网

（2）Hadoop的发展趋势

Hadoop的未来发展趋势包括云计算、大数据分析和人工智能。云计算是Hadoop的一个发展趋势，因为它可以让Hadoop在云计算平台上运行，云计算平台可以提高Hadoop的可扩展性和可靠性。大数据分析可以让Hadoop处理和分析大量数据，它可以帮助企业更好地了解客户需求和行为。人工智能也是Hadoop的一个发展趋势，它可以让Hadoop处理和分析大量数据。人工智能也可以帮助企业更好地了解机器状态和性能。

6.2 Spark

Spark是一个开源的大数据处理框架，它使用Scala、Java、Python或R语言进行编程，并支持在分布式系统中处理大规模数据集。它提供了高吞吐量、高可扩展性以及容错性，非常适合处理实时数据流和批处理任务。

6.2.1 Spark 概述

在深入探讨Spark的细节之前，我们首先需要对Spark有一个全面的了解，掌握它的定义、优势及其在大数据处理中的地位。

（1）Spark的简介

Spark是基于内存计算的大数据并行计算框架，可用于构建大型的、低延迟的数据分析应用程序。Spark具有运行速度快、容易使用、通用性强和运行模式多样4个特点。与Hadoop相比，Spark最大的特点是将计算数据、中间结果都存储在内存中，大大减少了I/O开销，因而Spark更适合于迭代运算比较多的数据挖掘与机器学习运算。尽管Spark相对于Hadoop而言具有较大优势，但Spark并不能完全替代Hadoop，主要用于替代Hadoop中的MapReduce计算模型。实际上，Spark已经很好地融入了Hadoop生态圈，并成为其中的重要一员，它可以借助于YARN实现资源调度管理，借助于HDFS实现分布式存储。此外，Spark对硬件的要求稍高一些，对内存与CPU有一定的要求。

（2）Spark的优势

Spark的优势在于它的运算快、方便易用、高通用性及其高兼容性。

①运算快　与Hadoop的MapReduce相比，Spark基于内存的运算要快100倍以上，基于硬盘的运算也要快10倍以上。Spark实现了高效的DAG执行引擎，可以通过基于内存来高效处理数据流。

②方便易用　Spark支持Java、Python、R和Scala的API，还支持超过80种高级算法，使用户可以快速构建不同的应用。而且Spark支持交互式的Python和Scala的shell，可以非常方便地在这些shell中使用Spark集群来验证解决问题的方法。

③高通用性　Spark提供了统一的解决方案。Spark可以用于批处理、交互式查询（Spark SQL）、实时流处理（Spark Streaming）、机器学习（Spark MLlib）和图计算（GraphX），这些不同类型的处理都可以在同一个应用中无缝使用。

④高兼容性　Spark可以非常方便地与其他的开源产品进行融合。例如，Spark可以使用Hadoop的YARN和Apache Mesos作为它的资源管理和调度器，并且可以处理所有Hadoop支持的数据，包括 HDFS、HBase和Cassandra等。这对于已经部署Hadoop集群的用户特别重要，因为不需要做任何数据迁移就可以使用Spark的强大处理能力。

（3）Spark的发展史

Spark是当今大数据领域最活跃、最热门、最高效的大数据通用计算平台。2009年，加州大学伯克利分校创立了Spark项目；2010年通过BSD许可协议开源发布；2013年，Spark捐赠给Apache软件基金会并切换开源协议至Apache2.0；2014年2月，Spark成为Apache的顶级项目；2014年11月，Spark的母公司Databricks团队使用Spark刷新数据排序世界纪录，Spark成功构建起了一体化、多元化的大数据处理体系。

6.2.2　Spark 的核心构架及组件

本节将概述Spark的核心架构和关键组件，进一步阐明其如何实现高效的大数据处理。通过理解这些架构和组件，能够更好地掌握Spark的工作原理及其优势。

（1）Spark的核心架构

要了解Spark运行架构，就需要理解以下几个重要的概念：

①弹性分布式数据集（resilient distrubuted dataset，RDD）　是分布式内存的一个抽象概念，提供了一种高度受限的共享内存模型。Spark的主要操作对象是RDD，RDD可以通过多种方式灵活创建，可通过导入外部数据源建立（如位于本地或HDFS中的数据文件），或者从其他的RDD转化而来。

②有向无环图（directed acyclic graph，DAG）　反映RDD之间的依赖关系。

③Executor　是运行在工作节点（worker node，WN）上的一个进程，负责运行任务，并为应用程序存储数据。

④应用　用户编写的Spark应用程序。

⑤任务　运行在Executor上的工作单元。

⑥作业　一个作业包含多个RDD及作用于相应RDD上的各种操作。

⑦阶段　是作业的基本调度单位，一个作业会分为多组任务，每组任务被称为"阶段"，或者也被称为"任务集"。

Spark运行架构如图6-5所示，包括集群资源管理器（cluster manager）、运行作业任务的工作节点（worker node）、每个应用的任务控制节点（driver program）和每个工作节点上负责具体任务的执行进程（executor）。其中，集群资源管理器可以是Spark自带的资源管理器，也可以是YARN或Mesos等资源管理框架。

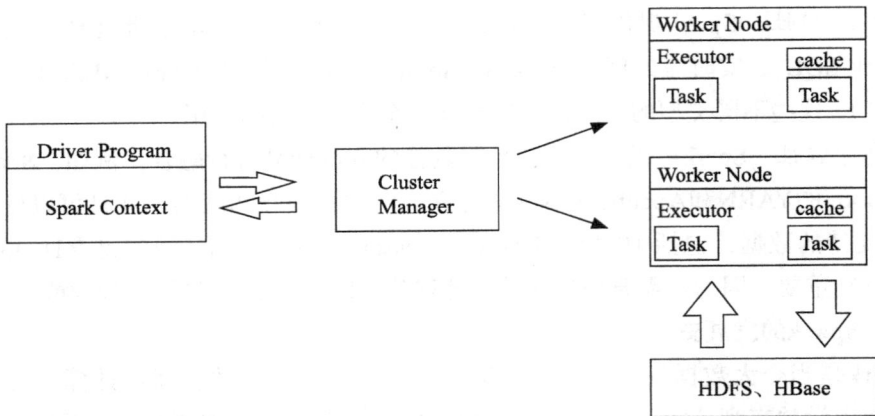

图 6-5　Spark 运行架构

与Hadoop MapReduce计算框架相比，Spark所采用的Executor有两个优点：一是利用多线程来执行具体的任务（Hadoop MapReduce采用的是进程模型），减少任务的启动开销。二是Executor中有一个BolocManager存储模块，会将内存和磁盘共同作为存储设备，当需要多轮迭代计算时，可以将中间结果存储到这个存储模块里，下次需要时就可以直接读该存储模块里的数据，而不需要读写HDFS等文件系统，因而有效减少了I/O开销；或者在交互式查询场景下，预先将表缓存到该存储系统上，从而可以提高读写I/O性能。

（2）Spark的核心组件

Spark是一个开源的大数据处理框架，其核心组件主要包括：Spark Core、Spark SQL、Spark Streaming、MLlib、GraphX、SparkR和PySpark以及SparkHadoop。

①Spark Core　是Spark的基础模块，提供了一个统一的API来处理各种数据源，支持内存计算模型，使得数据能够在中间结果上进行快速迭代。

②Spark SQL　基于Hive查询语言，提供了一种结构化的数据处理能力，能够将SQL查询无缝集成到数据流处理中，支持DataFrame和RDD（弹性分布式数据集）的数据操作。

③Spark Streaming　用于处理实时或近实时数据流，可以将输入数据分成时间窗口，并对每个窗口进行处理。

④MLlib　机器学习库，包含了丰富的机器学习算法，如分类、回归、聚类等，以及特征转换工具。

⑤GraphX　图处理引擎，提供了高效的图算法，如PageRank、短路径搜索等。

⑥SparkR和PySpark　分别提供了基于R和Python的语言绑定，便于用户使用这两种流行的语言进行Spark编程。

⑦SparkHadoop　当Spark运行在YARN或其他Hadoop集群上时，这个组件提供了与Hadoop生态系统更好的兼容性和整合。

每个组件都有其特定的功能，共同构建了Spark的强大数据处理和分析能力。

6.2.3 Spark 的获取及其发展趋势

在了解了Spark的核心功能和特点后，接下来将探讨如何获取Spark及其未来的发展趋势。这些内容将帮助我们进一步理解Spark在大数据领域的应用前景及其演化方向。

（1）Spark的获取

用户需要访问Spark的官方网站（https://spark.apache.org/），如图6-6所示，在网站上找到下载页面，选择适合自己需求的版本进行下载。

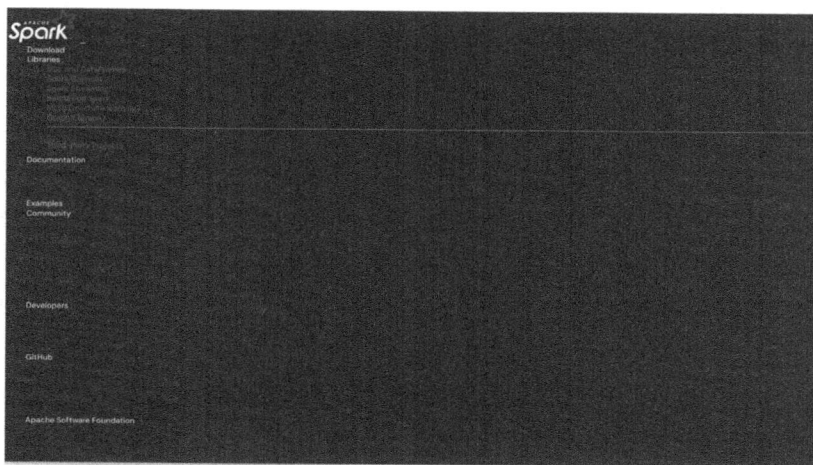

图 6-6　Spark 的官网

（2）Spark的发展趋势

Spark的发展趋势主要体现在与云计算的整合、与AI和机器学习的结合、对流式数据处理的支持、对多种编程语言的支持、与其他技术的结合等方面。

①与云计算的整合　Spark可以在云计算平台上运行，如Amazon AWS、Microsoft Azure和Google Cloud等，这使Spark能够更好地满足大数据处理的需求，并支持分布式计算。

②与AI和机器学习的结合　通过其MLlib库，Spark提供了一系列的机器学习算法，如梯度下降、随机梯度下降、支持向量机等，从而支持AI和机器学习的应用。

③对流式数据处理的支持　Spark Streaming可以处理实时数据，这使得Spark能够更好地支持流式数据处理的需求。

④对多种编程语言的支持　Spark支持多种编程语言，如Scala、Python、R等，这满足了不同开发者的需求。

⑤与其他技术的结合　Spark可以与Hadoop、Kafka、Storm等技术结合使用，以适应不同场景的大数据处理需求。

这些发展趋势表明，Spark作为一个快速、高吞吐量的大数据处理框架，正在不断扩展其应用领域和技术能力，以满足日益增长的数据处理需求。

6.3　Storm

Storm是一个免费开源的分布式实时计算系统。Storm能轻松可靠地处理无界的数据流，就像Hadoop对数据进行批处理。

6.3.1　Storm 概述

（1）Storm简介

Storm作为实时的、分布式以及具备高容错的流式计算系统，对比适于海量数据批处理的Hadoop，不仅简化了数据流上相关处理的并行编程复杂度，也提供了数据处理实时性、可靠性和集群节点动态伸缩的特性。

Storm对于实时计算的意义类似于Hadoop对于批处理的意义。Storm可以简单、高效、可靠地处理流数据，并支持多种编程语言。Storm框架可以方便地与数据库系统进行整合，从而开发出强大的实时计算系统。Storm具有整合性、简易的API、可扩展性、容错性、可靠的消息处理机制、支持各种编程语言、快速部署以及免费开源等特点，目前，Storm框架已成为Apache的孵化项目。

Storm是一个开源的分布式实时计算系统，主要用于处理和分析大量数据流。它提供了实时数据流处理的能力，适用于多种场景，包括实时分析、事件处理、数据转换和清洗、机器学习以及分布式RPC等。Storm通过其核心组件Spouts和Bolts来处理实时数据流，其中Spouts负责从外部源读取数据并将其转化为数据流，而Bolts则执行具体的处理任务。

（2）Storm的优势

Storm的主要优势包括高性能、可靠性、灵活性、实时性、易用性、高吞吐量和低延迟、容错性、可扩展性、服务化、支持多种编程语言、水平拓展性、可靠的消息处理机制、快速处理能力以及简单易用的编程模型。

①高性能和实时性　Storm采用分布式架构，可以水平扩展，处理大规模数据流，实现高性能的实时数据处理。它能够在毫秒级内处理数据，确保数据的实时性。

②可靠性和容错性　Storm具有容错机制，能够保证数据的可靠处理，即使在节点故障时也能够保证数据的完整性。它通过在集群中的各个节点之间进行数据备份和任务重分配，可以应对节点故障和数据丢失的问题。

③灵活性和易用性　Storm提供丰富的API和工具，可以灵活地定制数据处理逻辑，支持复杂的数据流处理需求。它提供了简单易用的API和丰富的开发工具，使得开发人员可以快速上手并高效地开发实时数据处理的应用。

④高吞吐量和低延迟　Storm可以处理高速数据流，并能够在毫秒级的延迟下返回结果，非常适合处理实时的数据分析和决策。

⑤可扩展性和服务化　Storm采用了分布式的架构，可以轻松地扩展集群规模，以

处理任意大小的数据流。它还提供了一个服务框架，可以进行热部署，即时上线或者下线APP。

⑥支持多种编程语言　Storm默认支持Java，同时也支持Python、Ruby等编程语言，方便开发者根据项目需求选择合适的语言进行开发。

⑦可靠的消息处理机制　Storm保证每个消息至少得到一次完整处理，如果任务失败，会从消息源重试消息，确保消息处理的可靠性。

⑧快速处理能力　Storm的设计保证了消息能得到快速处理，使用ZeroMQ作为底层消息处理队列，进一步提高处理速度。

⑨简单易用的编程模型　Storm降低了进行实时处理的复杂性，提供了一个简单的编程模型，类似MapReduce降低了并行批处理复杂性，使得开发人员可以快速理解和使用。

这些优势使得Storm成为一个强大的实时数据处理工具，广泛应用于需要高性能、高可靠性和灵活性的场景中。

（3）Storm的发展历史

Storm是一个开源的分布式实时计算系统，其发展历程可以追溯到2010年，由BackType公司的Nathan提出核心概念，并在2011年4月正式问世。随后，BackType被Twitter收购，Storm开始开源。2013年，Nathan加入Apache，使得Storm成为Apache开源项目的一部分。到了2014年，Storm成为顶尖的开源项目之一。

Storm的发展不仅体现在其技术的成熟和应用范围的扩大上，还包括与Kafka、HBase、HDFS等大数据处理系统的集成，进一步增强了其在大数据处理领域的能力。Storm的开源和社区的支持，使它成为实时大数据处理领域的重要工具，为众多企业和开发者提供了强大的技术支持。

6.3.2　Storm 的核心构架及组件

在深入了解Storm的核心构架及组件之前，我们需要对Storm有一个基本的了解，掌握它的定义、作用以及它在大数据处理中的重要地位。

（1）Storm的核心构架

Storm使用拓扑来描述计算过程，逻辑上它是由Spout和Bolt组成的有向无环图。其中，Spout是流数据的源头，负责从外部数据源读取数据，并封装成Tuple发送给Bolt；Bolt描述了流数据的转换过程，它将处理后的Tuple作为新的流数据发送给其他Bolt。当Spout或Bolt发送元组时，会把元组发送到每个订阅了该流数据的Bolt上进行处理。Spout/Bolt在物理上由若干任务（task）实现，而Storm需要相应的线程来运行这些任务。其中，worker进程运行一个或多个Executor线程，Executor线程则负责执行组件（Spout或Bolt）所描述的任务（task）。Storm的核心构架主要包括以下几个组件：Topology、Spout、Bolt、Nimbus、Supervisor、Worker、Executor、Task以及Stream Grouping。Storm运行在分布式集群中，其运行任务的方式与Hadoop类似，即在

Hadoop上运行的是MapReduce作业，而在Storm上运行的是Topology。但两者的任务大不相同，其中主要的不同是一个MapReduce作业最终会完成计算并结束运行，而一个Topology将持续处理消息（直到人为终止）。

Storm集群采用Master-Worker的节点方式，其中Master节点运行名为"Nimbus"的后台程序（类似Hadoop中的"JobTracker"），负责在集群范围内分发代码、为Worker分配任务和监测故障。而每个Worder节点运行名为"Supervisor"的后台程序，负责监听分配给它所在机器的工作，即根据Nimbus分配的任务来决定启动或停止Worker进程。

Storm集群架构如图6-7所示，Storm采用ZooKeeper作为分布式协调组件，负责Nimbus和多个Supervisor之间的所有协调工作（一个完整的拓扑可能被分为多个子拓扑，并由多Supervisor完成）。

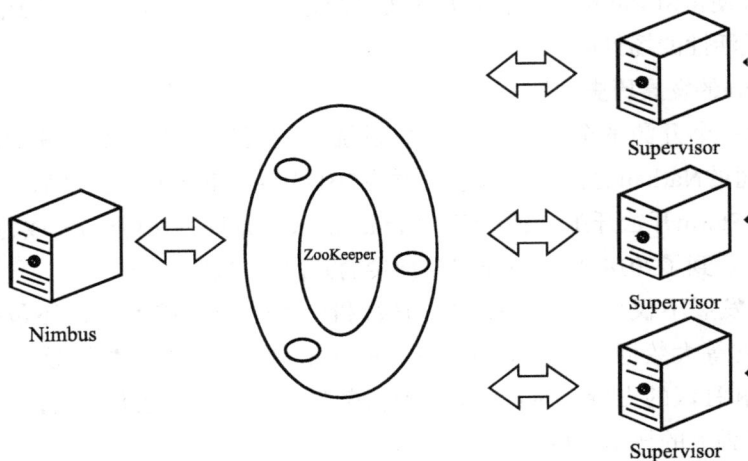

图 6-7　Storm 集群架构

（2）Storm的核心组件

①Streams　在Storm对流数据Streams的抽象描述中，流数据是一个无限的Tuple序列（Tuple即元组，是元素的有序列表，每一个Tuple就是一个值列表，列表中的每个值都有一个名称，并且该值可以是基本类型、字符类型、字节数组等，也可以是其他可序列化的类型）。这些Tuple序列会以分布式的方式并行地创建和处理。

②Spouts　认为每个Stream都有一个源头，并把这个源头抽象为Spouts。Spouts会从外部读取流数据并持续发出Tuple。

③Bolts　将Streams的状态转换过程抽象为Bolts。Bolts既可以处理Tuple，也可以将处理后的Tuple作为新的Streams发送给其他Bolts。对Tuple的处理逻辑都被封装在Bolts中，可执行过滤、聚合、查询等操作。

④Topology　Storm将Spouts和Bolts组成的网络抽象成Topology，如图6-8所示。Topology是Storm中最高层次的抽象概念，它可以被提交到Storm集群执行。一个

Topology就是一个流转换图，图中节点是一个Spout或Bolt，图中的边则表示Bolt订阅了哪个Stream。当Spout或者Bolt发送元组时，它会把元组发送到每个订阅了该Stream的Bolt上进行处理。

在Topology的具体实现上，Storm中的Topology定义仅仅是一些Thrift结构体（Thrift是基于二进制的高性能的通信中间件），而Thrift支持各种编程语言进行定义，因此可以使用各种编程语言来创建、提交Topology。

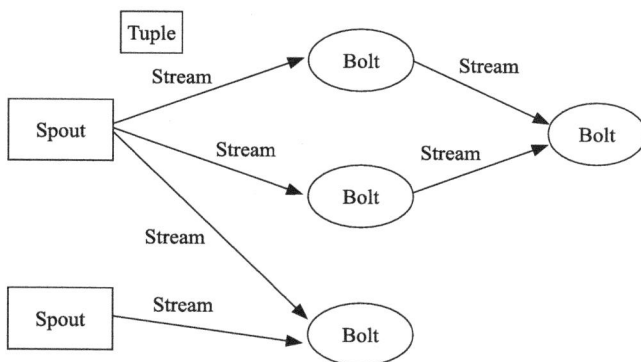

图 6-8 Topology 结构

⑤Executor 执行器（Executor）在集群的不同机器上运行，每个任务实例都在一个特定的Executor上执行，负责接收、处理和分发Tuples。

⑥Supervisor 监督者（Supervisor）监控和管理在其资源上运行的任务Executor，包括重启故障的节点、分配任务等。

⑦ZooKeeper Storm使用协调服务（ZooKeeper）作为元数据存储和协调服务，帮助管理和维护拓扑的配置信息以及节点状态。

⑧Stream Grouping 数据流分组（Stream Grouping）策略决定了Tuples如何在拓扑内流动，如AllToAll、Shuffle、Fields等。

6.3.3　Storm 的获取及其发展趋势

在理解了Storm的核心组件和功能之后，我们将探讨如何获取Storm以及它的未来发展趋势。这些内容将有助于我们更好地把握Storm在大数据领域的应用前景。

（1）Storm的获取

要获取Storm，可以通过以下几种方式：

①直接从Apache Storm官网下载 访问Apache Storm官网（http://storm.apache.org/），下载最新版本的Storm（图6-9）。

②通过Maven或Gradle等依赖管理工具 在项目的pom.xml或build.gradle文件中添加Storm的依赖。

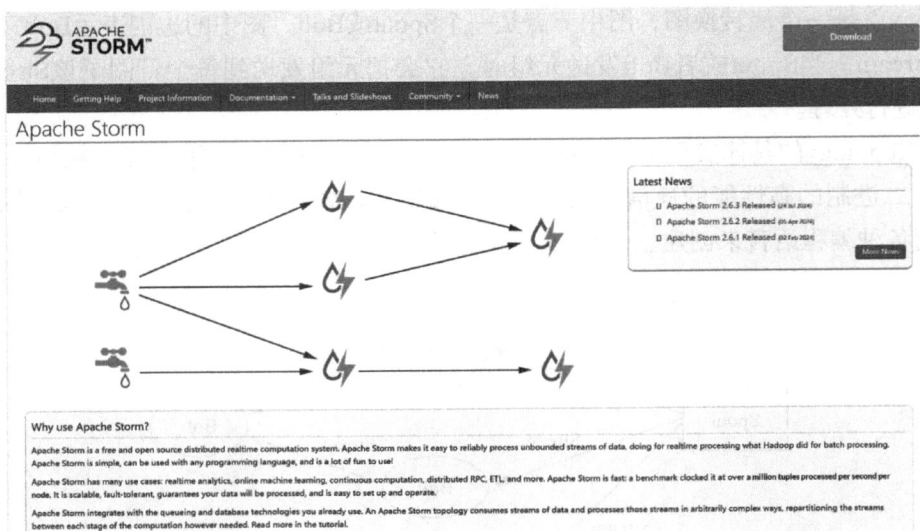

图 6-9　Apache Storm 官网

Maven的pom.xml中添加依赖的示例：

```
<dependencies>
    <dependency>
        <groupId>org.apache.storm</groupId>
        <artifactId>storm-core</artifactId>
        <version>你的Storm版本号</version>
        <!-- 或者使用最新的稳定版本 -->
        <!-- <version>2.2.1</version> -->
        <scope>provided</scope>
    </dependency>
</dependencies>
```

Gradle的build.gradle中添加依赖的示例：

```
dependencies {
    provided "org.apache.storm：storm-core：你的Storm版本号"
    // 或者使用最新的稳定版本
    // provided "org.apache.storm：storm-core：2.2.1"
}
```

③使用Storm的发布系统　如Maven Central或者其他的依赖包管理系统。

④使用Wrapper库　如果你使用的是Java，可以考虑使用Storm的Wrapper库，如Apache Storm Wrapper，它提供了更高级别的抽象，使得在Java中使用Storm更加方便。

以上方法可以帮助你获取Storm，并在你的项目中使用。需要注意的是，替换版本号为你需要的Storm版本。

（2）Storm的发展趋势

Storm的发展趋势和前景受到多种因素的影响，包括技术应用、市场需求、技术创新等。

首先，Storm作为一个实时处理相关系统，其应用场景广泛，涵盖了大数据处理、流处理等多个领域。随着大数据和人工智能技术的不断发展，实时处理的需求也在不断增加，这为Storm提供了广阔的应用前景。

其次，Storm的技术发展趋势体现在与Hadoop的对比中。虽然两者都是大数据处理的重要工具，但Storm在处理实时数据流方面表现出色，能够满足对数据实时处理的需求。

随着技术的进步，Storm有望在实时数据处理领域发挥更大的作用。

6.4 R 语言

R语言是一种专为统计分析和数据可视化设计的编程语言和环境，广泛应用于统计计算、数据挖掘和机器学习领域。其强大的数据处理能力和丰富的统计分析功能使其成为统计学家和数据科学家的首选工具之一。

6.4.1 R 语言概述

R语言是用于统计分析、图形表示和报告的编程语言和软件环境。R语言由Ross Ihaka和Robert Gentleman在新西兰奥克兰大学创建，目前由R语言开发核心团队开发。其核心是解释型计算机语言，支持分支和循环结构，并允许使用函数实现模块化编程。R语言允许与以C、C++、.Net、Python或FORTRAN语言编写的过程集成以提高效率。

R语言在GNU通用公共许可证下免费提供，并为各种操作系统（如Linux、Windows和Mac）提供预编译的二进制版本。

R语言有着非常多的特性及优势：

①免费开源　R语言作为一个开源项目，用户不仅可以免费使用，还可以根据自己的需要修改和优化R语言的环境。

②交互性强　R语言提供了优秀的即时交互环境，可以立即执行代码并获取反馈，使数据分析师能够快速试验并修改他们的分析方法。

③跨平台兼容性　R语言是平台无关的语言或跨平台编程语言，其代码可以在所有操作系统上运行，如Windows、Linux和Mac。

④丰富的数据挖掘工具包　R语言在CRAN（Comprehensive R Archive Network）存储库中有超过10 000个软件包，这些软件包提供了从基础数学计算到高级数据挖掘的各类功能。

⑤强大的数据处理和分析能力　R语言在统计分析上是一种更高效的独立数据分析

工具，拥有广泛的模型类型可供选择，并且拥有完整体系的数据分析和挖掘工具。

⑥丰富的数据可视化功能　R语言提供了多种图形统计功能，可以对数据直接进行分析和显示，并支持各种图表和图形设计。

⑦面向对象的编程语言　R语言彻底面向对象，拥有一整套数组和矩阵的操作运算符，以及一套连贯而又完整的数据分析中间工具。

6.4.2　R语言的运用与获取

R语言应用于许多方面，以下是R语言的一些具体应用：

①数据分析与统计　在数据分析与统计方面，R语言具有强大的功能和丰富的工具包，通过运用这些功能，R语言能够帮助数据分析师深入挖掘数据中的信息，做出合理的推断和决策。

②医学研究　在医学领域中，R语言具有广泛的应用，如临床数据分析管理、流行病学分析以及基因数据分析等医学研究方面都会涉及R语言的应用。

③金融风险管理　在金融风险管理领域，R语言常运用于风险价值（VaR）计算、投资组合优化、市场风险分析、信用风险评估等方面。

④市场调研　在市场调研方面，R语言主要用于描述性统计分析、交叉分析、因子分析以及聚类分析等分析。

⑤网络分析　在网络分析中，R语言有多种相关的包和函数可用于处理和分析数据网络。例如，通过R语言实现数据导入和预处理、构建网络对象、网络可视化、网络特征计算以及社区发现等。

⑥教育评估　在教育评估中，R语言可用于学生成绩数据分析、教学效果评估、学生表现预测、因素分析以及课程相关性分析等方面。

总之，涉及数据处理和分析的领域，R语言都能发挥重要作用。

用户可以使用R或RStudio进行编写和开发，以下分别是R和RStudio安装网页截图，如图6-10、图6-11所示。

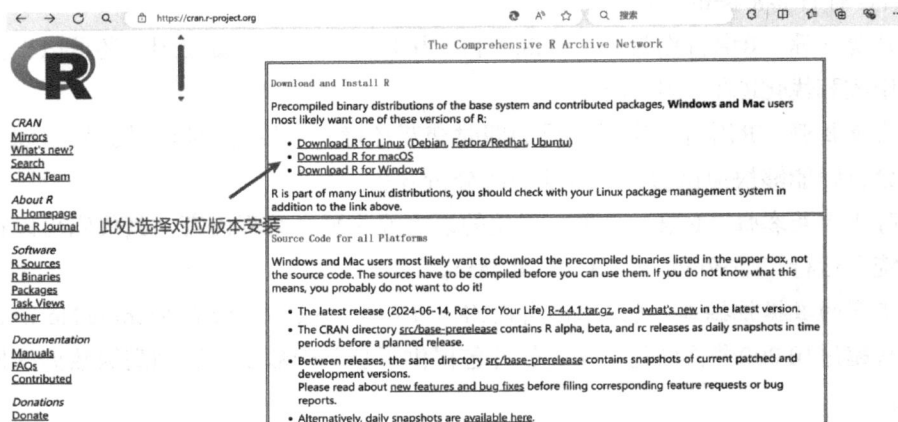

图6-10　R下载页面

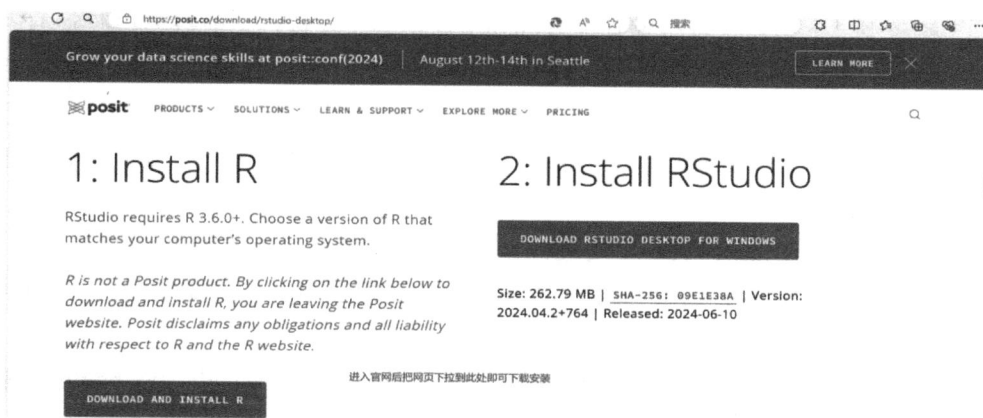

图 6-11　RStudio 下载页面

6.5　Python 语言

Python是一种广泛使用的高级编程语言，它以其简洁的语法和强大的生态系统著称。它在数据科学、人工智能、网络开发和自动化等领域具有广泛应用。

6.5.1　Python 语言概述

Python由荷兰国家数学与计算机科学研究中心的Guido van Rossum于20世纪90年代初设计，作为一门叫作ABC语言的替代品。Python提供了高效的高级数据结构，还能简单有效地面向对象编程。Python语法和动态类型以及解释型语言的本质，使它成为多数平台上写脚本和快速开发应用的编程语言，随着版本的不断更新和语言新功能的添加，Python逐渐被用于独立的、大型项目的开发。

Python在各个编程语言中比较适合新手学习。Python解释器易于扩展，可以使用C、C++或其他可以通过C调用的语言扩展新的功能和数据类型。Python也可用于可定制化软件中的扩展程序语言。Python丰富的标准库提供了适用于各个主要系统平台的源码或机器码。

Python被设计成"符合大脑思维习惯"的，采用极简主义的设计理念，加以统一规范的交互模式。这使得Python相较于其他程序设计语言具有独特的优点。

①简单　Python的语法十分简洁，没有像其他语言的大括号、分号等特殊符号，代表了一种极简主义的设计思想。

②易学　Python入手非常快，可以直接通过命令行交互环境来学习Python编程。

③免费/开源　Python中内存管理是自动完成的，用户可以专注于程序本身。

④可以移植　由于Python是开源的，它已经被移植到了大多数平台下面，如Windows、MacOS、Linux、Andorid、iOS等。

⑤解释型　大多数计算机编程语言都是编译型的，在运行之前需要将源码编译为操作系统可以执行的二进制格式（0110格式的），这样大型项目编译过程非常消耗时间，而Python语言写的程序不需要编译成二进制代码。用户可以直接从源代码运行程序。在计算机内部，Python解释器把源代码转换成称为字节码的中间形式，然后再把它翻译成计算机使用的机器语言并运行。

⑥面向对象　Python既支持面向过程，又支持面向对象，使编程更加灵活。

⑦可扩展　Python除使用Python本身编写外，还可以混合使用像C语言、Java语言等编写。

⑧丰富的第三方库　Python本身具有丰富而且强大的库，而且由于Python的开源特性，第三方库也非常多，如在web开发、爬虫、科学计算等。

6.5.2　Python 语言的运用与获取

Python语言发展到今天，已经被广泛应用于数据科学、人工智能、网站开发、系统管理和网络爬虫等领域。

①数据科学　在数据科学方面，我们可以用Python编写网络爬虫程序采集网页数据，可以通过第三方库清洗数据，可以借助第三方库NumPy和SciPy提供的科学计算和数据分析功能来分析处理数据，还可以借助第三方库Matplotlib提供的丰富的数据可视化图表实现数据可视化。

②人工智能　虽然人工智能程序可以使用不同的编程语言开发，但Python语言具有独特的优势。有许多基于Python语言的第三方库为人工智能的实现提供了很多帮助。

③网站开发　知乎、美团、饿了么等网站都是使用Python搭建的，由此可以看出Python语言是一门十分受欢迎的语言。

④系统管理　Python简单易用、语法简洁，非常适合系统管理的应用场景。著名的开源云计算平台OpenStack就是用Python开发的。

⑤网络爬虫　网络爬虫能够自动爬取网页数据，用户只需开发几个模块就可以轻松实现一个爬虫。Scrapy就是Python实现的爬虫框架。

Python主要历经了3个版本：1994年的1.0版本、2000年的2.0版本以及2008年的3.0版本。目前2.0和3.0版本仍在更新。

Python2.x和3.x的主要区别在于：

①语法　在Python3中，print语句变成了print（）函数。整数除法的行为也不同，在Python2中，5/2的结果是2，而在Python3中，结果是2.5。Python3还去除了<、>和不等于操作符，统一使用!=。

②字符串处理　Python2有ASCII字符串（str）和Unicode字符串（unicode），而Python3中默认的字符串是Unicode字符串（str）。

③迭代器　Python3中的range（）函数类似于Python2中的xrange（）函数，而Python2中的range（）函数在Python3中返回的是一个列表，如果范围很大可能会导致

内存问题。

Python可用于多种平台，如Windows、Linux和macOS等，读者可到Python官网（https://www.python.org）自行选择对应的版本下载安装（图6-12）。

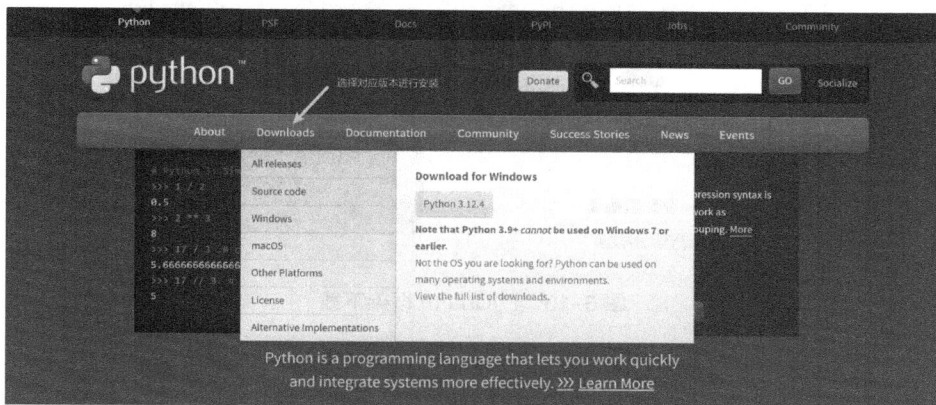

图 6-12 Python 官网

在Python使用过程中可以选择不同的环境进行代码编写。

（1）使用交互式执行环境

在Python下载完成后需检测是否成功安装，可以打开Windows系统的cmd命令终端，输入"python"后按下回车键，若出现如图6-13所示内容，则说明安装成功。

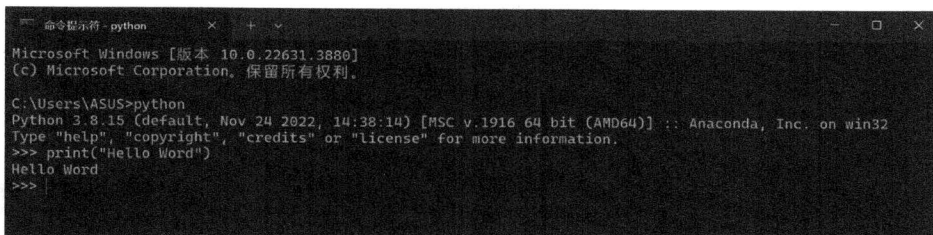

图 6-13 交互式界面

（2）使用IDLE编写代码

Python安装成功后会自带一个集成式开发环境IDLE，它是一个Python Shell，程序员可利用Python Shell与Python交互。

使用IDLE首先在Windows开始菜单中找到IDLE点击进入，如图6-14所示。

（3）使用第三方框架编写代码

用户还可以使用第三方框架进行Python编程，本文以PyCharm框架为例介绍，读者可在PyCharm官网（https://www.jetbrains.

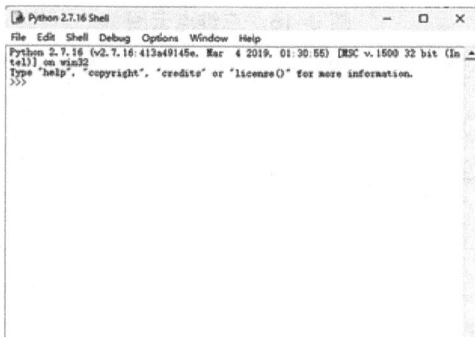

图 6-14 IDLE 界面

com/pycharm/）根据需求下载，如图6-15所示。

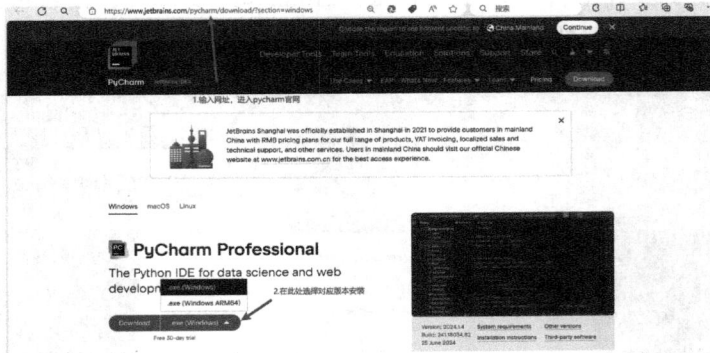

图 6-15　PyCharm 框架下载

6.6　林业大数据处理案例

　　基于激光雷达点云数据进行单木分割，能够显著提高林业资源调查的精度，提升工作效率，减轻劳动强度。在实际应用中，LDAR360点云数据处理软件被用于对林业激光雷达点云数据进行分析和处理，支持树高、冠幅、株距等单木属性的提取。

　　首先，利用激光雷达技术能够穿透植被冠层、扫描数据自动实时拼接的功能，可获得完整的现场植被等比例三维点云数据（图6-16）。

　　其次，利用LiDAR360对激光雷达点云数据进行处理分析和单木分割，提取林木属性信息，图6-17是单株树木识别结果图。

图 6-16　三维点云图

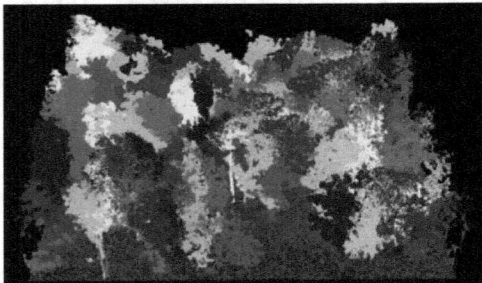

图 6-17　单株识别

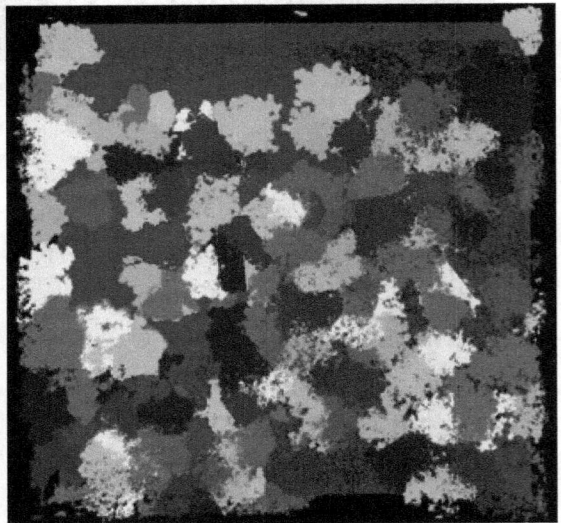

图 6-18　因子提取

　　然后，获取测区林木的位置、树高、胸径、冠直径以及冠体积等信息，并且一键生成属性表，图6-18是树木因子提取结果图。

　　最后，将点云测量数据与分析成果导入创念云管理平台，即可查看林木属性信息。将平台与传感、遥感设备接通，能够对林地进行可视化信息管理。

　　近年来，随着无人机、无人车、多光谱设备的广泛应用，林木的生长监测、自动化作业以及林场的灾情监测等一站式管理得以实现。

参考文献

代明竹，高嵩峰，2018. 基于Hadoop、Spark及Flink大规模数据分析的性能评价[J]. 中国电子科学研究院学报，13（2）：149-155.

孔丹，庞勇，梁晓军，等，2024. 基于分层叠加的机载LiDAR点云单木分割[J]. 林业科学，60（3）：87-99.

李凤莲，郑洪宾，李彦民，等，2020. Hadoop大数据技术应用实践[M]. 北京：北京师范大学出版社.

林子雨，赵江声，陶继平，2022. Python程序设计基础教程[M]. 微课版. 北京：人民邮电出版社.

戚红雨，2019. 流式处理框架发展综述[J]. 信息化研究，45（6）：1-8.

王磊，2022. 图解Spark[M]. 北京：人民邮电出版社.

严玉星，张敬信，2021. R语言金融分析与建模[M]. 北京：人民邮电出版社.

NITIN K，2021. Big Data Using Hadoop and Hive[M]. Virginia：Mercury Learning and Information.

第7章
大数据的治理

大数据的快速增长和多样性既给组织带来了巨大的机遇，也带来了严峻的挑战。因此，加强数据管理和治理，确保数据质量、安全与合规，变得至关重要。大数据治理是指通过制定政策、流程和技术来管理和保护大数据的过程。它涉及数据的收集、存储、处理、分析和共享等方面。大数据治理的目标是确保数据的准确性、一致性、完整性和可靠性，同时保护数据的隐私和安全，遵守相关法规和标准。本章主要介绍大数据治理框架、治理准则、大数据隐私以及大数据质量。

7.1 大数据治理框架

智能是基于数据的，而数据又是基于大量人工与工程获得的，所以人工智能中还需要相当一部分"人工"。数据收集需要人工确定数据源，或者手写爬虫；数据处理则需要观察数据，并手动写整个清洗过程；数据标注则要根据具体业务，看看怎样给数据打标签更合适。这些过程都会耗费大量精力，有时候如果处理路径不明确，甚至会导致重复或冗余的人力工作。如果事先要确定一个具体的处理流程，明确数据该怎样治理、算力该怎样分配、模型又该如何部署，那么整个开发过程能减少很多人力成本与工程负担。

国际上比较有名、接受度较高的理论体系提出机构有数据管理协会（Data Management Association，DAMA）、能力成熟度模型集成（capability maturity model integration，CMMI）研究所。国内在数据治理框架和标准体系的研究方面起步相对较晚，目前主要有信息技术服务标准（information technology service standards，ITSS）和数据管理能力成熟度模型（data management capability maturity model，DCMM）两个标准。

7.1.1 大数据治理框架概述

大数据治理的本质是对一个机构（企业或政府部门）的数据从收集融合到分析管理，再到利用进行评估、指导和监督的过程，大数据治理通过提供数据服务创造价值。大数据治理可对数据战略资产进行管理，通过从收集汇聚到处理应用的一套治理机制，提高数据质量，实现数据共享和价值最大化。既然大数据治理那么重要，就需要一套框架。大数据治理从来都不是一次性的程序，每个组织必须采取许多小的、可实现的、可衡量的步骤来实现长期目标。

随着大数据的快速增长和广泛应用，大数据治理框架变得越来越重要。一个完善的大数据治理框架可以帮助组织确保数据的质量、安全性和合规性，从而提高数据管理的效率和价值。一个完善的大数据治理框架可以帮助组织建立起有效的数据管理和保护机制，提高数据质量、保护数据安全和隐私，促进数据的合规性和可持续发展。通过大数据治理框架，组织可以更好地利用大数据资源，实现数据驱动的决策和创新。一个完整的大数据治理框架通常包括以下几个关键组成部分：

①治理结构　建立明确的治理组织结构和责任分工，包括指定大数据治理委员会、大数据治理团队和大数据治理负责人，以确保治理工作的顺利进行。

②数据质量管理　制定数据质量评估标准和流程，包括数据清洗、去重、验证等方法，以确保数据的准确性、一致性、完整性和可靠性。

③数据安全和隐私保护　建立数据安全政策和流程，采取措施保护数据的机密性、完整性和可用性，包括数据加密、访问控制、身份验证等技术。

④合规性管理　确保数据管理和使用符合相关法规和标准，如GDPR、HIPAA等，包括数据合规性审计、报告和监控。

⑤大数据治理工具和技术　选择和部署适合的大数据治理工具和技术，如数据质量工具、元数据管理工具、数据分类和标记工具等，以支持数据管理和保护的实施。

通过合理的大数据治理框架，企业能够更好地管理和保护客户数据，确保数据质量、安全性和合规性，从而提高了数据管理的效率和价值，并为业务决策和创新提供了可靠的数据支持。

7.1.2　DAMA 数据管理体系

国际数据管理协会是一个由全球性数据管理和业务专业的志愿人士组成的非营利协会，致力于管理的研究和实践。该协会出版了《DAMA 数据管理知识体系指南》（*Data Management Body of Knowledge*，DAMA-DMBOK），这是数据管理领域的重要参考文献。该书系统地阐述了数据管理的各个方面，包括数据治理、数据架构、数据建模、数据存储、数据安全等核心主题。目前，该指南已出版至第二版，即《DAMA 数据管理知识体系指南（第二版）》（DAMA-DMBOK2），为全球数据管理从业者和研究人员提供了系统性的知识框架和实践指导。

DAMA-DMBOK2理论框架由11个数据管理职能领域和环境要素共同构成DAMA数据管理知识体系。每项数据管理职能领域都在7个基本环境要素约束下开展工作，按照一定的逻辑结构进行分析，保证数据治理的目的和实际商业过程的贡献，如图7-2所示。其用于指导组织的数据管理职能和数据战略的评估工作，并建议和指导组织去实施与优化数据管理。

（1）数据管理职能领域

数据管理职能领域主要包括：数据治理、数据架构、数据建模和设计、数据存储和操作、数据安全、数据集成和互操作、文档和内容管理、参考数据和主数据、数据仓库和商务智能、元数据、数据质量等内容（图7-1）。

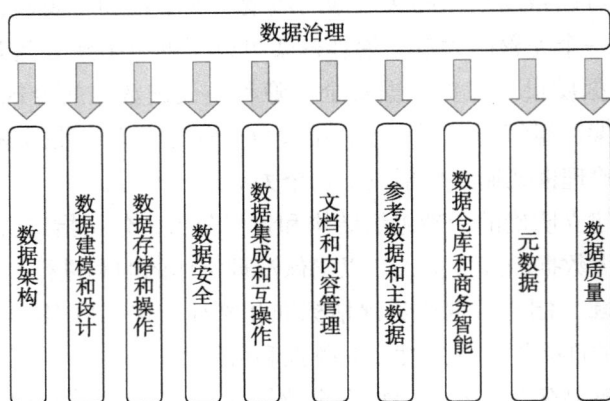

图 7-1　DAMA 数据管理职能领域

①数据治理　主要是通过建立一个能够满足企业数据需求的决策体系，为数据管理提供指导和监督。

②数据架构　定义了与组织战略协调的管理数据资产蓝图，以建立战略性数据需求及满足需求的总体设计。

③数据建模和设计　以数据模型的精确形式，发现、分析、展示和沟通数据需求的过程。

④数据存储和操作　以数据价值最大化为目标，在整个数据生命周期中，从计划到销毁的各种操作活动。

⑤数据安全　确保数据隐私和机密性得到维护，数据不被破坏，数据被适当访问。

⑥数据集成和互操作　包括与数据存储、应用程序和组织之间的数据移动和整合相关的过程。

⑦文档和内容管理　用于管理非结构化媒体数据和信息的生命周期过程，包括计划、实施和控制活动，尤其是指支持法律法规遵从性要求所需的文档。

⑧参考数据和主数据　包括核心共享数据的持续协调和维护，使关键业务实体的真实信息，以准确、及时和相关联的方式在各系统间得到一致使用。

⑨数据仓库和商务智能　包括计划、实施和控制流程来管理决策支持数据，并使知识工作者通过分析报告从数据中获得价值。

⑩元数据　包括规划、实施和控制活动，以便能够访问高质量的集成元数据，包括定义、模型、数据流和其他对理解数据及其创建、维护和访问系统至关重要的信息。

⑪数据质量　包括规划和实施质量管理技术，以测量、评估和提高数据在组织内的适用性。

（2）基本环境要素

基本环境要素主要包括：目标与原则、活动、主要交付物、角色与职责、实践与方法、工具、组织与文化等内容（图7-2）。

①目标与原则　是指每个职能在自己主题领域里的方向性目标，以及职能指标量化的基本原则。

②活动　是指每个职能都由一个或多个活动组成，其中有部分活动能被细化为子活动。

③主要交付物　包括信息、物理数据库，即各职能在管理过程中最终输出的文档。

图 7-2　DAMA 基本环境要素

④角色与职责　是指参与执行和监督职能的业务角色和IT角色，以及其各自职能中承担的具体责任。

⑤实践与方法　包含常见和流行的实践方法，以及交付物的执行过程和步骤。

⑥工具　包含各种配套支撑技术的类别、标准和规范、产品选择的标准和常见的学习曲线。

⑦组织与文化　主要包括管理度量指标和标准、成功和商业价值的度量指标与标准等因素。

7.1.3　CMMI-DMM 数据治理体系

CMMI研究所推出的数据管理成熟度模型（data management maturity，DMM），帮助企业组织改善他们整个业务领域的数据管理实践。DMM模型由五大核心过程域和一套支撑过程组成。五大核心过程域包括：数据管理战略、数据治理、数据质量、数据运营、平台和架构，如图7-3所示。DMM可为公司组织提供一套最佳实践标准，制订让数据管理战略与单个商业目标相一致的路线。

①数据管理战略　明确组织的数据管理愿景、目标和方向，指导数据管理工作的整体规划，确保数据管理相关信息在组织内的有效传递和沟通，促进各方对数据管理的理解和协作。

②数据治理　建立数据治理的组织架构、

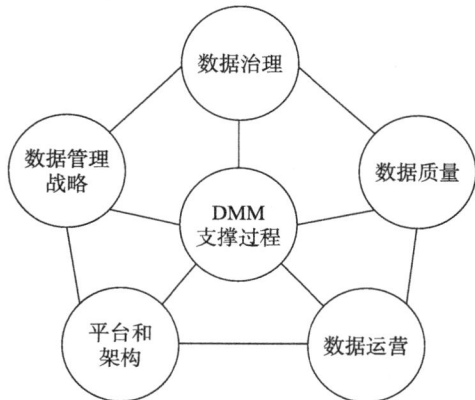

图 7-3　DMM 五大核心过程

政策、流程和监督机制，确保数据治理工作的有效开展。元数据管理，建立数据治理的组织架构、政策、流程和监督机制，确保数据治理工作的有效开展。

③数据质量　制定数据质量的目标、策略和计划，以持续提升数据质量。

④数据运营　明确业务对数据的需求，包括数据的内容、格式、精度等要求。数据生命周期管理，管理数据从创建、存储、使用到销毁的整个生命周期过程。数据提供管理。确保数据能够及时、准确地提供给相关方使用。

⑤平台和架构　包括架构方法、架构标准、数据管理平台和数据集成等内容，旨在构建统一、高效、可扩展的数据管理技术体系，支撑数据的规范设计、集中管理与跨域整合。架构方法，定义数据架构的设计方法和原则，指导数据架构的规划和建设。架构标准，制定数据架构相关的标准和规范，保证数据架构的一致性和兼容性。数据管理平台，建立支持数据管理和使用的技术平台，提供数据存储、处理、分析等功能。数据集成，实现不同数据源之间的数据整合和集成，确保数据的一致性和完整性。

⑥支撑过程　作为数据管理的辅助保障，贯穿并支持五大核心流程的有效实施。它们包括度量与分析、流程管理、流程质量保证、风险管理和配置管理等内容，旨在提升数据管理体系的规范性、稳定性和可持续性，确保核心职能的高效运行和持续优化。

7.1.4　DCMM 数据治理体系

数据管理能力成熟度评估模型（data management capability maturity assessment model，DCMM）是我国数据管理领域首个国家标准。该标准将组织对象的数据管理划分为八大能力域（数据治理、数据战略、数据架构、数据标准、数据安全、数据质量、数据应用、数据生存周期）（图7-4），并对每项能力域进行了二级能力项（28个能力项）和成熟度等级的划分（初始级、受管理级、稳健级、量化管理级、优化级）。

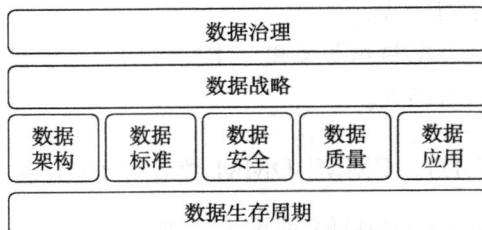

图 7-4　DCMM 评估模型

DCMM体系的特点是更加符合中国的数据治理现状，如在体系中增加了数据战略、数据标准等核心领域。

①数据治理　在整个体系中处于关键地位，涵盖了数据治理组织、数据制度建设、数据治理沟通等方面。例如，建立专门的数据治理组织，明确各岗位的职责与分工，制定涵盖数据管理各个方面的制度体系，以及确保组织内利益相关者能及时了解数据治理相关政策、标准、流程等的沟通机制。

②数据战略　明确企业数据管理的愿景、目标和方向，为数据治理提供战略指导，确保数据治理与企业整体战略目标相一致。

③数据架构　涉及数据的存储结构、数据模型等，为数据的存储、管理和使用提

供架构层面的设计和规划。

④数据标准　制定统一的数据标准，包括数据定义、格式、编码等，保证数据的一致性和规范性。

⑤数据安全　保障数据的保密性、完整性和可用性，防止数据泄露、篡改等安全事件发生。

⑥数据质量　致力于提高数据的准确性、完整性、一致性等质量指标，确保数据可靠可用。

⑦数据应用　关注如何将数据有效地应用于业务决策、流程优化等，以实现数据的价值最大化。

⑧数据生存周期　管理数据从产生到销毁的整个生命周期过程，包括数据的创建、存储、使用、共享、归档等环节。

7.1.5　ITSS 数据治理框架

信息技术服务标准（information technology service standards，ITSS）是一套成体系和综合配套的信息技术服务标准库，全面规范了信息技术服务产品及其组成要素，用于指导实施标准化和可信赖的信息技术服务。该标准包含了IT服务的规划设计、部署实施、服务运营、持续改进和监督管理等全生命周期阶段应遵循的标准，涉及咨询设计、集成实施、运行维护、服务管控、服务运营和服务外包等业务领域。信息技术服务标准是信息技术服务行业最佳实践的总结和提升，也是从事信息技术服务研发、供应、推广和应用等各类组织自主创新成果的固化。信息技术服务标准的结构如图7-5所示。

①顶层设计　主要包括战略规划、组织构建和架构设计3个方面。通过战略规划，从全局视角明确数据治理的目标、范围和总体策略，为后续工作指明方向；通过组织构建，确立数据治理的职责分工和治理机制，明确各类角色与权责；在此基础上开展架构设计，规划包括数据标准、数据质量、数据安全等治理域的架构体系，为数据治理提供制度和技术支撑。

②数据治理环境　要对内部和外部环境进行全面的分析，这一步的理由是，只有清楚了解企业所处的内外部环境，包括行业趋势、法规要求、企业自身的业务特点和现有数据状况等，才能为后续的规划提供准确的依据。

③数据治理域　建立数据管理体系和数据价值体系，以实现对数据的有效管理和价值挖掘。

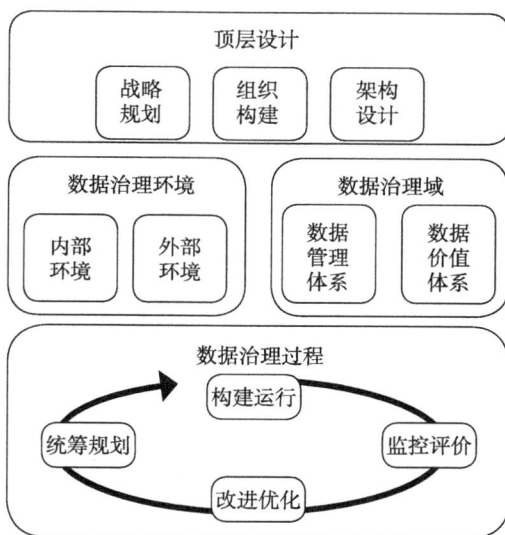

图 7-5　ITSS 结构

④数据治理过程　在整个过程中，要做好统筹和规划，对数据治理的过程进行监控和评价，及时发现问题并采取改进和优化措施。

7.2　大数据治理准则

大数据治理要了解政府、企业的需求，并按照从上而下的策略开展数据管理的现状调研，摸清楚数据资产的分布、数据的质量、数据的管理现状、数据应用需求等情况，以便更好地对数据产生、采集、处理、加工、使用等过程进行规范。统一数据标准，可以制定合理的数据治理流程和制度，规范数据生产供应。提升数据质量、控制数据安全，不仅有利于提高政府决策的科学性，也有利于推进政府的数字化转型，让数据发挥出最大的效益。

大数据治理涉及的业务深、数据多、技术难，所遵守的基本原则是有效性、开放性、安全性、可访问性、开发性和及时性，需要提升数据收集、整合、集成、挖掘和驾驭能力，实现数据治理智能化和自动化，充分发挥数据资产潜力。另外，在数据资源目录和地图、数据共享交换与服务、数据处理规范、数据资源整合、数据安全与监控等方面，选择合适的大数据治理工具，提高数据安全性、完整性、一致性及准确性。

7.2.1　大数据治理的基本原则

大数据治理的准则是指在制定和实施大数据治理框架时应遵循的一系列原则和指导方针，以确保数据的质量、安全性和合规性。基于一个简单的核心规则：组织管理数据的目标是尽可能快地移动信息，同时保持质量尽可能高、尽可能安全。这是其他原则的主要来源。它建立了一种微妙的平衡行为，将生产率和质量作为平衡的要素，有时在不同的目的下工作。其基本原则主要有以下几个方面。

①透明度和责任　确保数据管理和治理的透明度，包括数据流动、使用和变更的透明度，同时明确责任和权限，确保有人对数据管理和治理负责。

②数据质量优先　将数据质量放在首位，确保数据的准确性、一致性、完整性和可靠性，以提高数据价值和可信度。

③风险管理　识别和评估数据管理和治理中的风险，包括数据泄露、数据安全漏洞等，采取相应措施降低和管理这些风险。

④合规性和法律遵从　确保数据管理和使用符合相关法规和标准，如GDPR、HIPAA等，避免违反法律法规带来的风险和处罚。

⑤数据安全和隐私保护　采取措施保护数据的机密性、完整性和可用性，包括数据加密、访问控制、身份验证等技术，同时保护个人隐私数据不被滥用。

⑥数据治理文化　建立和促进数据治理的文化，包括培训员工、提高数据管理意识，确保每个人都参与到数据治理中来。

⑦持续改进　不断评估和改进数据治理框架和流程，以适应不断变化的业务需求和技术环境。

7.2.2　大数据治理过程

一个好的大数据治理过程应该与企业传统业务深度融合，才可以帮助企业更容易发现数据的事实。企业需要的是数据背后的结论和逻辑，必须要有商业应用才更有价值，也就是说，必须以促进企业生意增长为目的的完整的商业应用方案。

将大数据治理理念引入端到端的业务流程中，改变先建设后改造的旧有路径。创建自助服务工具，控制数据质量和改进数据访问和分析方式，要明确

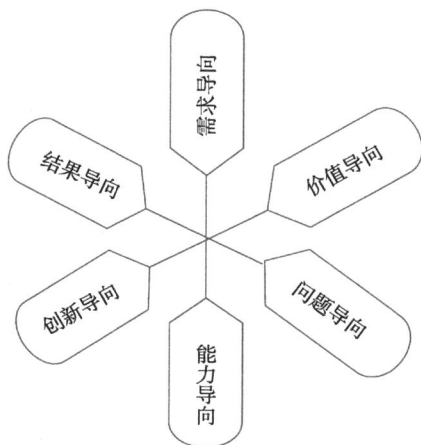

图 7-6　大数据治理的 6 个导向

需求问题，不要盲目做数据标准。成功的大数据治理项目须坚持6个导向，如图7-6所示。

①需求导向　以企业战略举措和核心信息化系统为重要切入点，以满足需求为驱动，集中收集各部门和各层级公司的数据需求。

②价值导向　以价值为核心原则，聚焦范围，明晰责权，兼顾短期长期收益，持续改善。

③问题导向　以解决业务部门各种问题为目标，开展数据治理项目，改善优化业务流程，解决业务痛点问题。

④能力导向　以DCMM为依据，评估数据管理现状，识别关键差距，有针对性地提升数据管理能力，避免盲目开展数据治理工作。通过该模型，可以清楚地定义数据当前所处的发展阶段以及未来的发展方向，从而有序推进数据管理能力建设。

⑤创新导向　大数据治理的工作没有特别成熟的方法论和模式可以借鉴，要打破常规，结合企业实际情况，找到适合自己企业的实施方式和建设路径。大数据治理工作要支持业务创新能力，提高业务创新层次。在应用大数据最新技术和成果的同时，要研究相匹配的大数据治理工作方法、策略、路径和技术难点，支持大数据技术、应用和商业模式的协同创新。

⑥结果导向　是ISO质量管理体系、绩效管理理论中的基本概念和核心思想之一，即强调经营、管理和工作的结果（经济与社会效益和客户满意度），经营管理和日常工作中表现出来的能力、态度均要符合结果的要求，否则没有价值和意义。

此外，大数据治理过程还应遵循"三个相结合原则""四个坚持""五个避免"。"三个相结合原则"，即大数据治理技术与企业传统业务深度融合相结合原则；长远目标与短期实效相结合原则；标准、工具与运维保障相结合原则。

"四个坚持"和"五个避免"：坚持统筹规划、分步演进、局部执行，避免贪大求全；坚持标准先行、急用先建、滚动发展，避免单一工具建设，避免为了做数据标准而做标准；坚持业务部门牵头、信息部门统筹管理，服务公司作技术支撑，避免信息

部门孤军作战，避免流程过长和授权模糊不清；坚持标准贯标和内部数据人才培养，培养数据伦理文化。

7.3 大数据隐私

在这个数据爆炸的时代，无论是自觉还是不自觉，人们都在不断地创造和输出海量的信息，以应对日益复杂的信息环境。随着互联网技术的蓬勃发展，互联网上积累着大量的用户个人信息。这些数据所包含的信息，涵盖了个人隐私的多个方面，包括但不限于姓名、电话、住址、消费习惯、行为轨迹、网络社交信息等方面。这些数据已被广泛应用于市场调研、商业分析、安全监控、风险评估、医疗健康等多个领域，这些信息在给人们带来便捷与效益的同时也可能成为不法分子窃取用户隐私的途径。

在大数据时代，如何有效保护用户隐私安全，已成为备受瞩目的焦点。脸书（Facebook）2018年3月曝出剑桥分析公司数据泄露丑闻，由于未经授权收集到将近8 700万Facebook用户的数据，其中包括用户的姓名、好友列表、居住地、工作及教育情况等详细个人信息，用作政治竞选宣传和选民行为分析，从而遭到广大用户讨伐以及美国联邦贸易委员会的调查。

7.3.1 大数据隐私保护概述

在科学研究、产品开发、数据公开的过程中，算法需要收集、使用用户数据，在这过程中数据就不可避免地暴露在外。

大数据安全问题主要是由3个方面的原因引起的：

一是，大数据依托的NoSQL缺乏数据安全机制。在NoSQL技术中，大数据的数据来源和承载方式多种多样，如物联网、移动互联网、PC以及遍布地球各个角落的传感器。数据分散存在的状态，使企业很难定位和保护所有机密数据。

二是，社会工程学攻击带来的安全问题。该攻击与其他攻击的最大不同是，其攻击手段不是利用高超的攻击技术，而是利用受害者的心理弱点进行攻击。因为不管大数据多么庞大，都少不了人的管理。如果人的信息安全意识淡薄，那么即使技术防护手段已做到无懈可击，也无法有效保障数据安全。由于大数据的海量性、混杂性，攻击目标不明确，因此攻击者为了提高效率，经常采用社会工程学攻击。

三是，大数据的存储安全、数据共享环节的风险及软件后门，也会成为大数据安全的软肋。在软件定义世界的时代，软件是IT系统的核心，也就是大数据的核心，所有的数据存储和数据共享都是开放在软件上面的，这也会带来信息泄露。

7.3.2 大数据隐私保护的方法

大数据具有规模大、来源多、动态更新等特点，传统的隐私保护技术大都已不再适用。为此，本节给出了大数据时代的隐私概念和生命周期保护模型，从大数据生命周期的采集、存储、处理、共享和销毁5个阶段出发，对大数据隐私保护中的技术现状进行了分类阐述。

通过大数据生命周期模型（图7-7），可以根据大数据生命周期的不同阶段制定不同保护措施：

①数据采集阶段　确保采集数据的合法性和合规性，遵循相关法律法规和隐私政策。对采集源进行认证和授权，防止非法数据流入。对采集的数据进行初步的加密处理，保障数据在传输过程中的安全。

图7-7　数据生命周期

②数据存储阶段　采用合适的加密技术对存储的数据进行加密，如对称加密或非对称加密。定期进行数据备份，防止数据丢失。实施访问控制策略，限制对数据的访问权限，只有授权人员能够访问特定数据。

③数据处理阶段　对数据处理的操作进行审计和监控，记录操作日志。采用数据脱敏技术，在不影响数据分析结果的前提下，对敏感数据进行处理。确保处理数据的系统和软件是安全可靠的，及时更新补丁。

④数据共享阶段　明确数据共享的范围和目的，遵循最小必要原则。对共享的数据进行严格的审查和审批。采用安全的传输方式，如虚拟专用网络（VPN）等。

⑤数据销毁阶段　制定严格的数据销毁流程和标准。确保销毁的数据无法被恢复，采用物理销毁或多次覆盖等方法。

总之，大数据生命周期的每个阶段都需要有针对性地保护措施，以保障数据的安全和隐私。

此外，一些传统的数据保护技术也可以应用于大数据隐私保护：

①数据加密　通过加密技术保护静态和传输中的数据，密钥管理确保密钥安全。

②数据脱敏　通过替换、遮蔽和泛化方法降低敏感信息的敏感度。

③访问控制　通过用户身份验证和权限设置限制数据访问。

④安全意识培训和教育　定期开展培训，讲解数据安全与隐私保护的重要性、常见的安全威胁和风险以及防范措施。

⑤安全和隐私风险评估　识别可能存在的安全和隐私风险，并制定相应的风险应对措施。

⑥安全合规和法律法规遵循　将相关法律法规要求融入大数据安全与隐私保护的各个环节。

⑦隐私保护常用算法　例如，K-匿名（K-Anonymity）算法，该算法是Samarati和Sweeney在1998年提出的，可以保证存储在发布数据集中的每条个体记录对于敏感属性不能与其他的K-1个个体相区分，即K-匿名算法要求同一个准标识符至少要有K条记录，因此观察者无法通过准标识符连接记录。

7.4 大数据质量

在大数据时代，数据质量对于企业的决策和运营至关重要。高质量的数据可以为企业提供准确的洞察，帮助其做出更好的决策。相反，低质量的数据可能会误导企业做出错误的决策，从而造成不必要的损失。

7.4.1 大数据质量概述

国际数据管理协会的《数据管理知识手册》中规定，数据质量（Data Quality，DQ）"既指与数据有关的特征，也指用于衡量或改进数据质量的过程"。但要深入理解数据质量，需要切分不同层次或维度。从用户层级定义，数据质量就是满足特定用户预期需要的一种程度；从数据本身定义，从数据质量的指示器和参数指标等方面来衡量其优劣；从数据约束关系定义，从数据的原子性、数据的关联性及对数据的约束规则来度量数据质量；从数据过程定义，需要从数据能被正确使用、存储、传输等方面定义质量。

数据质量反映的是数据的适用性，即数据满足使用需要的合适程度。数据质量管理的目的是为企业提供洁净、结构清晰的数据，是企业开发业务系统、提供数据服务、发挥数据价值的必要前提，是企业数据资产管理的前提。质量好的数据意味着有准确及时的信息来管理从研发到销售的产品和服务。低质量的数据会误导业务做出错误的决定，致使行动方向发生偏离。数据质量的影响因素主要体现在信息、技术、流程以及管理4个方面（图7-8）。

①信息因素　产生这部分数据质量问题的原因主要有元数据描述及理解错误、数据度量的各种性质（如数据源规格不统一）得不到保证和变化频度不恰当等。

②技术因素　主要是指由于具体数据处理的各技术环节的异常造成的数据质量问题。数据质量问题的产生环节主要包括数据创建、数据获取、数据传输、数据装载、数据使用、数据维护等方面的内容。

③流程因素　是指由于系统作业流程和人工操作流程设置不当造成的数据质量问题，主要来源于系统数据的创建流程、传递流程、装载流程、使用流程、维护流程和稽核流程等各环节。

④管理因素　是指由于人员素质及管理机制方面的原因造成的数据质量问题。如人员培训、人员管理、培训或者奖惩措施不当导致的管理缺失或者管理缺陷。

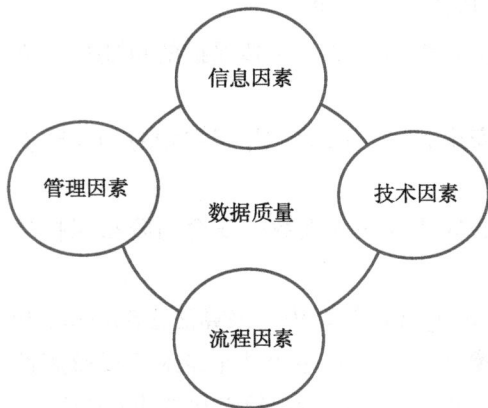

图 7-8　数据质量影响因素

7.4.2　数据质量的评估标准和步骤

数据质量的评估标准主要包括4个方面：完整性、一致性、准确性和及时性。这4个标准是相互关联的，它们共同决定了数据的质量水平。

（1）完整性

完整性是指数据信息是否存在缺失的状况。数据缺失的情况可能是整个数据记录缺失，也可能是数据中某个字段信息的记录缺失。不完整的数据所能借鉴的价值就会大大降低，也是数据质量最为基础的一项评估标准。完整性可以通过数据统计中的记录值和唯一值进行评估。例如，如果某个字段的值缺失率很高，那么这个字段的完整性就存在问题。此外，还可以通过比较不同数据源之间的数据来检查完整性。如果两个数据源之间的数据存在较大差异，那么就可能存在数据缺失或错误的问题。

（2）一致性

一致性主要体现在数据记录的规范和数据是否符合逻辑上。规范指的是一组数据存在它特定的格式，例如，IP地址一定是由4个0到255间的数字加上"."组成的。逻辑指的是多项数据间存在着固定的逻辑关系，例如，PV一定是大于等于UV的，跳出率一定是在0到1之间的。异常的大或者小的数据也是不符合条件的数据。例如，如果某个字段的值超出了一定的范围，那么这个字段的一致性就存在问题。此外，还可以通过比较历史数据来检查一致性。如果新采集的数据与历史数据存在较大差异，那么就可能存在数据不一致的问题。

（3）准确性

准确性是指数据记录的信息是否存在异常或错误。首先，和一致性不一样，存在准确性问题的数据不仅仅是规则上的不一致，更为常见的是数据错误，如乱码。其次，异常的大或者小的数据也是不符合条件的数据。例如，如果某个字段的值与实际情况存在较大差异，那么这个字段的准确性就存在问题。此外，还可以通过与权威数据源进行比对来检查准确性。如果两个数据源之间的数据存在较大差异，那么就可能存在数据不准确的问题。

（4）及时性

及时性是指数据的时效性。在某些场景下，数据的及时性至关重要。例如，在股票交易中，投资者需要根据实时的市场数据进行决策，如果数据存在延迟，那么就会影响投资效果。因此，数据的及时性也是评估数据质量的重要标准之一。

总的来说，完整性、一致性、准确性和及时性是评估数据质量的重要标准。通过对这些标准的检查和评估，可以更好地了解数据的状况和质量水平，从而更好地进行数据应用和分析。在实践中，可以根据具体的需求和场景选择合适的评估标准和方法进行评估。同时，还需要不断优化和完善评估标准和流程，以适应不断变化的数据环境和业务需求。

在数据质量评估过程中也要遵循一定的步骤，以达到高效、准确地评估，主要的评估步骤有：

①确定需要做数据质量监控的数据指标项，通常是对数据运营和相关管理报告至关重要的数据项。

②评估需要使用的数据质量维度及其权重值。

③对于每个数据质量维度，定义表示标准质量和质量差数据的值和范围。特别需要注意的是，同一个指标名称可能会有不同的度量规则，因此需要执行不同的数据质量评估。

④反复查看并确认数据质量是否可以被接受。

⑤在适当数据流转中采取纠正措施，例如，清理数据并改进数据处理流程，以防止问题再次发生。

⑥定期重复上述步骤，以监控数据质量趋势。

7.4.3 如何提高大数据的质量

数据的来源非常广泛且复杂，系统开发、运行、操作等任意环节中发生的任何一个问题，都可能造成数据质量的变化。

高质量的数据是进行分析决策、业务发展规划的重要基础，只有通过建立完整的数据质量管理体系，明确数据质量管理目标，控制对象和指标，定义数据质量检验规则，执行数据质量检核，生产数据质量报告，通过数据质量问题处理流程及相关功能实现数据质量问题从发现到处理的闭环管理，从而促进数据质量的不断提升。根据数据治理和数据质量实践经验，本节总结了企业数据质量管理的七步法（图7-9）。

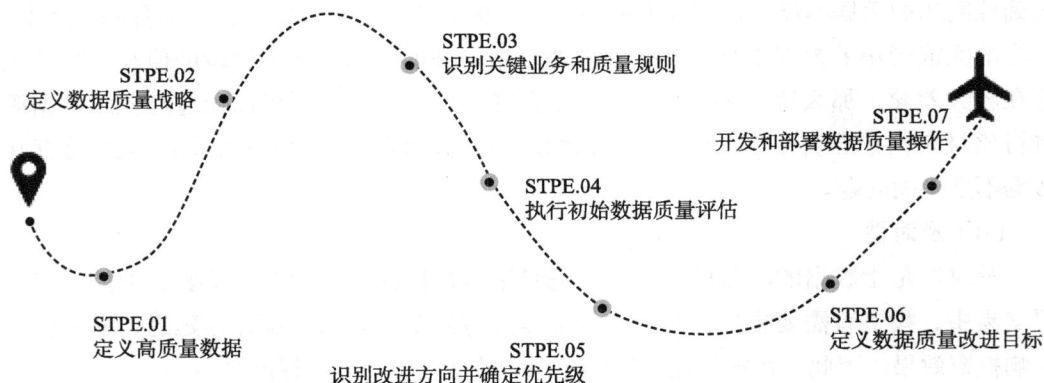

图 7-9　数据质量提高流程图

（1）定义高质量数据

在启动数据质量方案之前，有益的做法是了解业务需求、定义术语，识别组织痛点，对数据质量改进的目标和优先级事项达成一致。可以从以下几个方面考虑：对高质量数据的理解、低质量数据对业务运营和战略的影响、对低质量数据的容忍度、高质量的数据如何赋能业务战略等，全面了解组织中数据质量的当前状态，与利益相关方面谈识别痛点、风险和业务驱动因素，了解业务流程系统情况、技术结构和数据依赖关系。

（2）定义数据质量战略

提高数据质量要有一定的战略，应考虑到需要完成的工作以及执行这些工作的方式。数据质量优先级必须与业务战略一致，定义数据质量框架有助于指导战略及开展数据质量管理活动。

（3）识别关键业务和质量规则

数据质量管理工作应首先关注组织中最重要的数据，可以根据监管要求、财务价值和对客户的直接影响等因素对数据重要性进行优先级排序。在确定关键数据后，识别梳理数据质量特征要求的业务规则。

（4）执行初始数据质量评估

确定关键的业务需求和数据后，通过执行初始数据质量评估，了解数据，定义可操作的改进计划，通过评估结果确认问题及优先级，并作为数据质量规划的基础。

（5）识别改进方向并确定优先级

在经过初步数据质量评估后，识别潜在的改进措施，并确定优先顺序，可以通过对大数据集进行全面的数据分析来了解问题的广度，或与利益相关方进行沟通，分析问题的业务影响，最终讨论确定优先顺序。

（6）定义数据质量改进目标

初步评估是为特定的数据质量提升目标奠定了基础，根据数据质量改进带来的业务价值的一致性量化，设定具体的、可实现的目标。确定数据质量改进目标时可参考以下因素：受影响数据的关键性，受影响的数据量，受问题影响的业务流程数量和类型，受影响的消费者、客户、供应商或者员工数量，与问题相关的风险，纠正根本原因的成本，潜在的工作成本等。

（7）开发和部署数据质量操作

为了保证数据质量，围绕数据质量方案制订实施计划，管理数据质量规则和标准，监控数据与规则的执行一致性，识别和管理数据质量问题，并报告质量水平。

7.5 林业大数据治理案例

在林业领域，大数据的治理不仅是对数据资源的规范化管理，更是提升林业管理效率和科学决策能力的关键手段。通过案例分析，我们可以更直观地了解大数据治理在实际林业应用中的具体实践方式及其成效。本节将选取几个典型案例，展示大数据技术在林业资源监测、智慧管护以及生态保护中的成功应用。

7.5.1　大理移动智慧林业管护平台

中国移动通信集团云南有限公司针对森林火灾高发、护林员队伍管理滞后等问题，研发了森林防火信息化系统和护林员管理系统，并集成为智慧林业管护平台。该平台以视频监控为主，融合卫星监测、航空监测、人工巡护，构建了"空、天、地、人"立体化的森林防火预警监测体系。2020年，中国移动通信集团云南有限公司大理分公司为云南省大理白族自治州林业和草原局率先建设森林防火信息化项目，通过省、州、县互联互通的网络传输系统，建立起涵盖林火监测、应急处置、森林防火日常业务为一体的管理平台，并建设了多套前端监控和远程应急广播，有效监控覆盖率达到65%。前端监控探头每15~30分钟自动对监控区域巡航监测一周，能发现1平方米大小的火源，定位精度误差不超过50米。上一轮森林草原防火期，全州通过该系统及早发现森林火情5起，发现并及时劝止野外违规用火超2 000起。该平台除了助力减少火灾破坏，对防止盗伐盗猎、优化旅游资源、综合环境提升以及保护人民群众生命财产等也起到了重要作用。智慧林业项目二期计划于2023年上半年启动，将进一步提高有效监控覆盖率，推动更多区域实现森林环境监测、保护和管理的智能化转型升级。

7.5.2　大理市智慧林草系统

大理市从2016年开始建设智慧林草系统。该系统利用物联网、边缘计算、云计算、大数据、人工智能等数字技术，搭建了一套从终端到边缘到中心的监测预警体系，通过"空、天、地、人"的有机连接，实现实时监测预警和资源统一调度管理。其建成了广覆盖、全天候、高精度、智慧化的火情监测体系，部署了50套双光谱火情监测系统，视频火情监测覆盖率达80%以上，还部署了240套卡口人员智能识别系统，以及蓄水池监测、气象监测站、野保相机、无人机等森林巡查设备。借助双光谱火情监测系统，可实现360°监控半径15千米内的覆盖区域，约15分钟对监控区域自动巡航监测一次，能监测发现约1平方米的火点，定位精度可达50米，实现了从"人防+初步的技防"到"技防引领人防"的转变。截至目前，大理市首次实现防火期零火灾，为1990年以来首次。未来该系统还将在林地保护、野生动植物保护、虫情监测、林业社会化服务等方面发挥作用，帮助构建大理山水林田湖草沙的生态有机链条。

7.5.3　丘北县"智慧林长平台"

云南省丘北县在文山壮族苗族自治州林长制智慧平台建设中先行先试，建成了集约整合的智慧林长综合管理平台。通过该平台的数据统计、分析和联动，实现了巡林、护林、管林的资源整合和服务统一，形成了"一管到底"的森林资源治理体系。目前，通过该平台已下达巡林任务2次，巡护检查8 500余次，巡护距离逾2万千米，管巡面积逾20万公顷，上报巡护事件184起，且全部得到及时有效处理。

主要功能包括：

①实时监测预警 通过"空、天、地、人"的有机连接，实现对森林和草原的实时监测。例如，利用50套双光谱火情监测系统，可360°监控半径15千米内的覆盖区域，能监测发现约1平方米的火点，自动报警并定位火点位置，定位精度可达50米，准确监测野外用火，为火灾扑救争取关键时机；还可对与植被生长密切相关的气象环境因子进行连续监测和信息采集，对作物生长状态和土壤情况进行综合监控，及时掌握林区植被生长情况。

②资源统一调度管理 实现对人员、物资等资源的统一调度和管理。例如，借助专网集群通信的"点名"工作机制，保持指挥中心与站点、站点与站点、站点与护林防火员之间的实时联系，确保在有火情发生时各方力量能够高效调度、迅速到位、有效处置。

③生物多样性大数据展示 直观展示林区的生物多样性情况。

④森林防火大数据展示 实时呈现森林防火相关数据，如火情监测信息等。

⑤病虫害监测大数据展示 用于监测和展示林区的病虫害情况。

⑥生态环境保护大数据展示 提供生态环境保护方面的数据展示。

⑦资源一张图综合展示 实现可视化的"一图观所有"，为林草管理提供决策支撑。

⑧卡口人员智能识别 在下辖的12个乡镇、街道及国有林场等重要入口，部署240套人员智能识别系统，掌控和存储进山人员、车辆的行为信息。

⑨蓄水池监测 监测蓄水池水位，确保在发生火情火灾时有水扑火。

参考文献

大理州人民政府门户网站，2024-08-16. 大理市建设"智慧林草"守护绿水青山[EB/OL]. https://www.dali.gov.cn/dlrmzf/c101533/202306/de330f58977c49d9b6ef2eab059bf4bb.shtml.

刘艺，曹建军，翁年凤，等，2024. 数据治理及其发展研究综述[C]//中国指挥与控制学会. 第十二届中国指挥控制大会论文集：上册. 北京：军事科学院，国防科技大学第六十三研究所，国防大学联合作战院：170-176.

刘嘉微，2023. 基于区块链的数字信用数据隐私保护与受限共享研究及应用[D]. 北京：北京邮电大学.

刘小城，2022. E市政府统计数据质量评估研究[D]. 武汉：中南财经政法大学.

文山壮族苗族自治州人民政府，2024-08-17. 丘北县搭建"智慧林长平台"促林业管理升级[EB/OL]. https://www.ynws.gov.cn/wszzf/bxgcc/column/content/content_1855074860461813760.html.

杨瑞仙，李航毅，孙倬，2024. 社交网络数据隐私保护：溯源、技术、政策、展望[J]. 农业图书情报学报，36（4）：4-20.

第8章
大数据应用

大数据价值创造的关键在于大数据的应用，随着大数据技术飞速发展，大数据应用已经融入各行各业。大数据产业正快速发展成为新一代信息技术和服务业态，即对数量巨大、来源分散、格式多样的数据进行采集、存储和关联分析，并从中发现新知识、创造新价值、提升新能力。

8.1 大数据应用概述

自2012年起，"大数据"迅速成为热门话题，并逐渐渗透到各个领域，深刻改变了人们的生活和工作方式。从打车、支付到购物，大数据技术推动了这些日常行为的智能化和便利化，标志着大数据时代的全面到来。目前，大数据在电商、金融、交通、医疗、安防等领域有着广泛的应用。其核心价值在于通过数据分析和处理，为各行各业提供更为精确的决策支持，进而优化资源配置，提升效率。大数据凭借其独有的优势得到了各种行业的认同。

（1）规模与速度

大数据的一个显著特点是其数据量巨大且增长迅速。现代企业不仅收集传统的文本和图片信息，还处理视频、音频等多样化的数据类型。大数据技术通过高效的计算和存储能力，能够实时处理和分析这些海量数据，从中挖掘出有价值的见解。

（2）精确决策

大数据的应用能够通过全面的数据分析帮助企业做出更为精准的决策。无论是在市场预测、消费者行为分析，还是在供应链优化方面，大数据技术都能够提供更加深入和可靠的分析结果，帮助企业在竞争中占据优势。

（3）灵活性与扩展性

大数据技术具有极高的灵活性和扩展性，能够根据企业的需求进行定制化分析。随着云计算的普及，大数据应用得以在云端实现高效的数据处理和存储，支持按需扩展的业务需求。这不仅降低了企业的运营成本，也提高了数据处理的效率和准确性。

（4）服务化与平台化

随着大数据技术的发展，大数据分析已经逐步走向服务化和平台化。通过"数据即服务"的模式，企业可以按需获取数据分析服务，避免了重复建设和资源浪费。同时，数据服务的按需分配和精细计费，使得企业可以更加灵活地管理和利用数据资源，进一步提升经济效益。

随着人工智能和物联网技术的融合发展，大数据将在未来的商业和技术领域发挥更加重要的作用。结合AI技术，大数据分析将变得更加智能化，能够自动学习和适应变化的环境，提供更为先进的解决方案。与此同时，随着数据量的持续增长和分析需求的不断变化，云计算和边缘计算等新兴技术将进一步推动大数据应用的发展。

8.2　大数据在互联网领域的应用

大数据在互联网领域的应用可谓无处不在。在电商领域，通过分析用户的购买历史、浏览记录等数据，可以实现精准营销，提高销售转化率。

（1）精准营销

客户的所有行为都会在互联网平台上留下痕迹，互联网企业就能使用大数据技术采集有关客户的各类数据，并通过大数据分析建立"用户画像"来抽象地描述一个用户的信息全貌，从而可以对用户进行个性化推荐、精准营销和广告投放等。当用户登录网站的瞬间，系统就能预测出该用户今天为何而来，然后从商品库中把合适的商品找出来，并推荐给他。图8-1显示了用户画像包括哪些用户基本信息和特性。

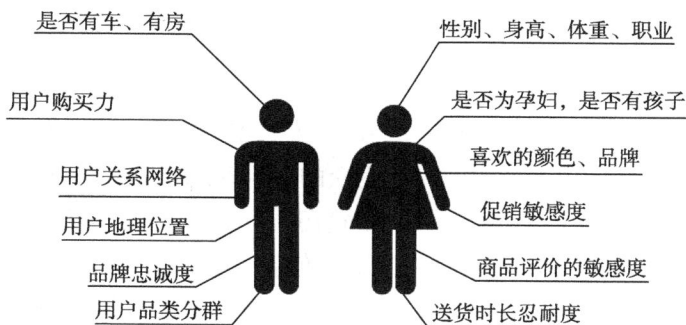

图 8-1　用户画像

大数据支持下的营销核心在于，让企业的业务在合适的时间，通过合适的载体，以合适的方式，推送给最需要此业务的用户。

首先，大数据营销具有很强的时效性。在互联网时代，用户的消费行为极易在短时间内发生变化，大数据营销可以在用户需求最旺盛时及时进行营销策略实施。

其次，可以实施个性化、差异化营销。大数据营销可以根据用户的兴趣爱好、在某一时间点的需求，做到对细分用户的一对一的营销，让业务的营销做到有的放矢，并可以根据实时性的效果反馈，及时调整营销策略。

最后，大数据营销对目标用户的信息可以进行关联性分析。大数据可以对用户的各种信息进行多维度的关联分析，从大量数据中发现数据集之间有趣的关联和相关联系。

以阿里巴巴为例，它不仅在不断加强个性化推荐、"千人千面"这种面向消费者的大数据应用，还在尝试利用大数据进行智能客户服务，这种应用场景会逐渐从内部应用延展到外部很多企业的呼叫中心之中。

在面向商家的大数据应用中，以"生意参谋"为例，超过 600 万商家在利用"生意参谋"提升自己的电商店面运营水平。除了面向自己的生态之外，阿里巴巴数据业务化也在不断加速，"芝麻信用"这种基于收集的个人数据进行个人信用评估的应用获得了长足发展，应用场景从阿里巴巴的内部延展到越来越多的外部场景，如租车、酒店、签证等。

（2）广告精准投放

广告精准投放与精准营销有相似之处，在社交媒体平台，大数据可以帮助分析用户的兴趣爱好、社交关系，从而为用户推送更符合其需求的广告，从而为要投放广告的企业提供更高效、更精准的服务。

传统的广告投放方式往往是基于经验和直觉的，缺乏科学性和精准性。与传统的广告投放方式相比，通过大数据技术，企业可以对用户的行为、兴趣、偏好等进行深度挖掘和分析，从而更加精准地投放广告。这不仅可以提高广告的转化率，还能降低广告成本，提高企业的盈利能力。网络广告行业开启了大规模、自动化地利用大数据改善产品和提高收入的先河。

网络广告经过短短十几年的发展，形成了以人群为投放目标，以产品为导向的技术型投放模式（图8-2），不仅为广告主带来了以接触目标受众为方法论的全新营销管道，也为互联网免费产品和媒体提供商找到了规模化变现的手段。

大数据环境下，受众被提升到更高层面，大数据为实现这一变化提供了技术支持。受众的行为动态轨迹被全方位记录与反馈，如浏览历史、微博、搜索记录、网购订单等信息。随后，通过大数据的深度挖掘与分析，获得他们性别、年龄等自然属性，以及职业、兴趣喜好、消费水平等深层次的社会属性，然后对消费者进行清晰的定位和分类，最终明确不同商品和服务的目标消费群体，再推送相关广告，做到对正确的人投放正确的广告。

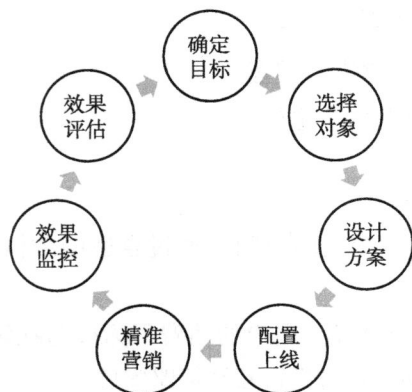

图 8-2　以产品为导向的技术型投放模式

（3）业务流程优化

大数据可以帮助业务流程优化，通过网络搜索数据、社交媒体数据、业务数据等挖掘出有价值的数据。当前大数据应用最广泛的就是人力资源和物联网行业。在物联网行业方面，优化供应链和配送路线，根据地理定位以及无线电频率的识别来追踪送货车和货物，利用实时交通路线数据可以优化配送的路线。在人力资源行业，有大量的候选人信息和企业信息，都需要通过大数据分析来进行优化，快速匹配候选人和企业，识别并筛选无效、重复简历，让人与岗适配。

（4）改善安全和执法

大数据现在已经广泛应用到城市安全和执法的过程中。例如，企业应用大数据技术进行防御网络攻击，警察应用大数据工具抓捕罪犯，银行应用大数据工具来防止欺诈性交易等。

以上就是大数据在互联网的常见应用，随着大数据的应用越来越普及，还有很多新的大数据的应用领域和新的大数据应用工具需要不断探索。

8.3　大数据在生物医药领域的应用

当前，大数据在生物医学领域中得到了广泛的应用。在流行病预测方面，大数据彻底颠覆了传统的流行疾病预测方式，使人类在公共卫生管理领域迈上一个新台阶。在智慧医疗方面，通过打造健康档案区域医疗信息平台，利用最先进的物联网技术和大数据技术，可以实现患者、医护人员、医疗服务提供商、保险公司等之间的无缝、协同、智能的互联，让患者体验一站式的医疗、护理和保险服务。

8.3.1　主要应用场景

大数据技术在生物医药方面的应用主要围绕疾病预测以及大健康等方面进行。

（1）流行病预测

①实时监测异常情况　通过收集和分析大量的医疗数据（如疾病监测系统上报的病例数据、医院的诊疗记录等）、网络搜索数据（如人们对疾病相关症状、疾病名称的搜索频率变化）、社交媒体数据（如用户发布的健康相关内容及讨论热度等），可以及时发现疾病流行的早期迹象和异常波动。例如，当某个地区关于特定疾病症状的搜索量突然大幅增加，或者社交媒体上出现较多关于某种疾病的讨论，可能预示着该地区有潜在的疾病流行趋势，从而为公共卫生部门提供早期预警信号，以便及时采取防控措施。

②建立疾病监测模型　利用大数据构建疾病监测模型，能够持续跟踪疾病的发生、发展和传播动态。这些模型可以整合多种数据源，分析疾病的发病率、患病率、传播速度等指标随时间和空间的变化情况，帮助公共卫生机构更准确地把握疾病流行的态势，如预测流感等季节性流行病的爆发时间、高峰时段和影响范围等，为制定防控策略提供科学依据。

③识别高危人群与重点防控　通过综合分析个体特征，可以精准识别感染风险较

高的人群，并制定相应的防控措施。整合医疗数据、人口统计学数据等，有助于筛选出易感人群，如患有糖尿病、心血管疾病等基础疾病者、老年人、婴幼儿以及免疫力低下者。这些人群在面对特定流行病时，不仅感染风险更高，病情进展也可能更快速。因此，应针对高危人群提前采取预防措施，如优先接种疫苗、提供健康管理指导、加强医疗监护等，以降低感染率并减少疾病带来的健康风险。

（2）基于大数据的综合健康服务平台

在当今数字化时代，人们对于健康的关注度与日俱增。为了更好地满足社会公众多层次、多方位的健康服务需求，提升人民群众的身心健康水平，基于大数据的综合健康服务平台应运而生。在这个平台中，大数据成为综合健康服务平台实现"未病先防、已病早治、既病防变、愈后防复"这一目标的"得力助手"，发挥了巨大的作用。

①全面的健康评估　通过对多源数据的处理和分析，能够更准确地评估个人健康状况。

②支持个性化诊疗　依据大数据，为患者制订个性化的诊疗方案。

③整合丰富数据源　整合个人、社区卫生、区域医疗、第三方医保等多方面的数据，为全面、准确的健康服务提供数据基础。

④精准满足用户需求　针对不同人群和需求分类提供服务，更精准地满足各类用户的特定需求。

8.3.2 应用案例——综合健康服务平台

基于大数据的综合健康服务平台的目标是构建覆盖全生命周期、内涵丰富、结构合理的，以人为本全面连续的综合健康服务体系，利用大数据技术和智能设备技术，提供线上线下相结合的公众健康服务，实现"未病先防、已病早治、既病防变、愈后防复"，满足社会公众多层次、多方位的健康服务需求，提升人民群众的身心健康水平。

从用户层来看，综合健康服务平台涵盖了个人、专业医疗机构、健康管理机构、卫生决策部门以及科研单位等多个用户群体。这意味着服务对象广泛，能够满足不同人群的健康服务需求。

从交互层来看，综合健康服务平台包括了呼叫中心、移动终端、平台接入API等多种方式。这为用户提供了多样化的接入途径，方便不同用户以自己习惯的方式获取服务。

从业务层来看，针对不同的人群和需求，综合健康服务平台提供了通用型健康服务、主题式健康服务、面向健康服务机构的信息服务以及面向决策、科研机构的循证医学数据服务等。这种分类能够更精准地满足各类用户的特定需求。

从技术支撑层来看，基于大数据的健康评估技术和个性化诊疗技术为服务提供了技术保障。通过对大数据的处理和分析，能够更准确地评估个人健康状况，并制订个性化的诊疗方案。

数据源层则整合了个人、社区卫生、区域医疗、第三方医保等多个来源的数据。丰富的数据来源为全面、准确的健康服务提供了数据基础。

总体来说，这个综合健康服务平台通过整合多方面的数据和资源，利用先进的技术，为不同用户群体提供了全面、连续、个性化的健康服务，有助于实现"未病先防、已病早治、既病防变、愈后防复"的目标，提升人民群众的身心健康水平。

8.4　大数据在物流领域的应用

智能物流是大数据在物流领域的一个典型应用。智能物流融合了大数据、物联网以及云计算等新兴IT技术，使物流系统能够模仿人的智能，实现物流资源优化调度和有效配置，以及物流系统效率提升。面对海量数据，物流企业不断加大大数据方面投入，他们不仅把大数据看作是一种数据挖掘、数据分析的信息技术，而且把大数据看作一项战略资源，充分发挥大数据给物流企业带来的发展优势，在战略规划、商业模式和人力资本等方面做出全方位的部署。

8.4.1　主要应用场景

大数据在物流领域有着诸多重要的应用。

①需求预测　通过分析历史销售数据、市场趋势、季节因素等，预测未来一段时间内不同地区、不同产品的需求，帮助企业提前规划库存和调配资源，减少缺货或积压的情况。

②优化配送路线　整合交通状况、车辆负载、客户地址等数据，计算出最优的配送路线，降低运输成本，提高配送效率，减少运输时间和燃油消耗。

③仓库管理　利用大数据监控库存水平，预测库存周转率，确定合理的补货时机和数量，优化仓库布局，提高仓库空间利用率和货物出入库效率。

④物流网络规划　根据市场需求、运输成本、设施位置等因素，分析并优化物流网络的节点布局和线路设置，以降低整体运营成本。

⑤供应链风险管理　实时监测供应链中的各种风险因素，如供应商的稳定性、自然灾害、政策变化等，提前制定应对策略，保障供应链的连续性。

⑥客户画像与服务优化　了解客户的消费习惯、偏好和需求，提供个性化的物流服务，提高客户满意度和忠诚度。

⑦设备维护与预测性维修　对物流设备（如车辆、搬运设备）的运行数据进行分析，预测可能出现的故障，提前进行维护和修理，减少设备停机时间。

⑧运输资源配置　根据货物运输的需求和特点，合理配置运输工具（如车辆类型、船舶大小），提高运输资源的利用率。

⑨实时跟踪与监控　利用物联网技术获取货物在运输过程中的位置、状态等信息，实现实时跟踪和监控，及时处理异常情况。

⑩成本分析与控制　全面分析物流运营中的各项成本，找出成本高的环节和原因，

采取针对性的措施进行成本控制。

8.4.2 应用案例——智能菜鸟

自2010年IBM首次提出智能物流以来，在全球范围内迅速发展。在中国，阿里巴巴集团联合多方力量，共同建设中国智能物流骨干网，计划在8~10年内打造一张能够支撑日均300亿元网络零售额的智能物流体系，以支持千万家新型企业的发展，并实现全国范围内24小时送达的物流目标。

大数据技术是智能物流体系的核心支撑。物流行业在货物流转、车辆追踪、仓储管理等环节都会产生海量数据，对这些数据进行深入分析，不仅能够揭示物流运作的规律，还能优化物流流程，提高整体运营效率。

"智能菜鸟"是阿里巴巴创始人马云提出的"天网+地网"计划的重要组成部分。其中，"地网"指中国智能物流骨干网，其目标是建设一个覆盖全国的高效物流网络，确保货物在24小时内送达全国各地。

"天网"则依托阿里巴巴旗下的电商平台（如淘宝、天猫等），构建大数据平台。阿里巴巴在国内电商市场占据主导地位，汇聚了海量商家、消费者和物流企业，每天产生庞大的交易数据。该平台掌握网络购物需求、货物流向、物流分布、消费者购买习惯等核心数据，并利用这些数据优化仓储选址、调整干线物流布局，提前将货物部署至高需求区域，实现"买家未下单，货已在路上"的智能供应链模式。

借助"天网"的大数据能力，阿里巴巴可以为用户提供个性化的物流服务。用户可以根据时效最快、成本最低、最安全、服务最佳等需求，选择最优快递方案。阿里巴巴会基于快递公司的历史服务表现、不同物流环节的报价、即时运力预测等数据进行大数据分析，计算最优配送路线。此外，系统还能融合天气预测、交通状况等因素，进一步优化物流路径，并将最终方案推送给各大物流企业，确保高效执行。

菜鸟网络的核心优势在于信息整合，而非单纯的资金或技术整合。阿里巴巴的"天网"和"地网"需要全面整合供应商、电商企业、物流公司、金融机构和消费者的各类数据，确保数据透明化，并通过智能分析和精准判断，将数据转化为电子商务与物流体系的执行方案，最终实现智能化、数字化的物流生态体系。

大数据的应用使物流行业更智能、高效、精准，提升企业竞争力的同时，也能更好地满足客户需求。未来，随着人工智能、物联网和区块链技术的进一步融合，智能物流体系将在预测需求、优化配送、提升供应链管理等方面发挥更大的作用，引领物流行业迈向高效、智能、绿色的发展模式。

8.5 大数据在城市管理领域的应用

在城市的发展中，大数据在城市管理中发挥着重要的作用，主要体现在智慧城市的规划建设水平有所提升上。大数据技术可以为城市规划提供更多的数据资源，通过先进的大数据技术来为城市建设进行数据收集和分析处理，参考数据对城市进行合理的规划和建设，同时满足城市发展的要求，使得智慧城市的规划建设水平有所提升。

8.5.1　主要应用场景

在社会经济快速发展的过程中，大数据技术能够给城市管理带来一定的变化，是当前社会发展中不可或缺的重要力量。智慧城市建设可以利用大数据技术来解决社会中的突出问题，并且能够在城市管理过程中发挥重要作用，进而实现高效管理。具体体现在以下4个方面。

（1）城市交通领域中的应用

运用大数据技术整理和分析信息，可以全面、及时地了解城市的各路段交通情况。同时，在大数据分析下，也能掌握城市车辆运速的主要影响作用，以便于智慧城市管理人员对交通信号灯进行有效的调整，并缓解城市交通压力，从大数据角度治理城市交通拥堵的问题。大数据分析也为城市道路交通突发状况的预案制定提供了科学的依据，有助于降低城市交通压力，并降低城市交通事故发生率。当然，从市民出行角度来看，结合大数据和技术，市民就能掌握城市交通路段情况，避免拥堵时段和易发生交通事故的路段，从而确保市民的安全、高效、便捷出行。

（2）城市环境保护领域中的应用

大数据技术在智慧城市环境保护领域中的应用，主要是从环境污染源的监测与预警做起，这有助于工作人员更全面地掌握城市污染状况，并结合城市污染情况做出环境管理的相应策略。具体来说，在环境各个污染源设置环境监测站，在大数据技术作用下实时监控各个环境监测站的一些环境信息，一旦污染严重就会向环境监测站上传相关的数据信息，大数据在分析整理后，就能总结出环境污染状况，并准确地分析出是哪类污染，同时，将相关的分析报告发送给环境监测站科研人员，以便于做好环境保护的策略调整。当然，在大数据技术作用下，智慧城市环境保护得以实现，这大幅提高了城市环境保护的力度，也提高了环境治理的效益，更为环境治理提供了新的思路与新的方法，有助于保障城市居民的居住环境，并为城市居民带来蓝天白云与绿水青山。

（3）城市规划方面的应用

在智慧城市建设中，大数据技术通过整理分析城市发展的相关数据信息，为城市自然灾害及人为灾害的预防提供有效的科学策略，在一定程度上减少灾害带来的损失，尽可能地保障城市居民的生命财产安全，从而确保城市的安全发展。确切来说，大数据在为城市建设发展提供技术支持与数据支持时，主要是通过分析城市建设用地、城市空间格局、人口规模与空间分布、城市交通、城市联系度、城市公共服务、城市居住空间、城市环境质量、绿色空间亲密度等，进而结合这些信息，做好城市的规划管理，并促进智慧城市的规范化、科学化管理。分析城市建设用地时，主要是分析城市建设用地扩张情况；人口规模与空间分布则是从城市经济社会发展、城市人口规模和空间分布等进行综合性分析；城市空间格局则是从城市公共重心体系、城市空间结构及城市公共服务中心范围等方面分析；城市联系度则是从城市机场与全省各市联系强度、城市与周边城市联系度等方面进行综合分析。

（4）生活领域中的应用

大数据技术在市民生活领域的应用，主要是统计分析城市居民的生活需求及生活方式。如在旅游、客运售票、租车、包车、修车业务、服务大厅、个人信息、生活缴费、天气信息、失物招领及信息反馈等方面，运用大数据技术，就能为城市居民提供精准的信息查询功能，方便市民的生活。

8.5.2 应用案例——智慧城市管理

智慧城市的核心组成部分是一个综合性系统，涵盖智能信息基础设施、智能应用、大数据技术和智能感知等各个方面。上海市利用大数据技术进行智慧城市管理。在交通领域，通过收集大量的交通流量数据、车辆行驶数据等，利用大数据分析技术对交通状况进行实时监测和预测。例如，根据不同时间段、不同路段的车流量数据，智能调整交通信号灯的时间，优化交通流量，减少拥堵。同时，大数据还可以分析交通事故的发生规律和热点区域，为交通管理部门合理部署警力、设置交通设施提供依据。在城市公共服务方面，大数据可以分析市民的需求热点，合理规划公共设施的布局，如根据人口密度、居民活动规律等数据，确定公共厕所、健身设施等的建设位置。

以上这些基于大数据的智慧城市管理平台围绕智能城管、应急指挥、民生服务系统进行搭建，系统的建设要通过设计规划和架构设计两方面来实现。

①设计规划　智慧城市管理平台分为城市管理指挥中心、智慧城管指挥中心、城市运行管理中心和综合服务中心4个子系统。在平台设计规划上分为基础平台及应用服务两部分，其中数据处理及存储与管理是平台系统最重要的组成部分之一。它能够为用户提供各种基础的数据资源支持，同时也能够为平台的应用软件系统提供丰富的扩展空间。智慧城市建设设计时遵循开放系统、统一标准、整合资源、安全可靠的原则，使各个子系统实现统一控制管理与资源共享；搭建智慧城市管理公共服务平台并支持各个子系统协同运行，可以综合运用多种手段，形成立体化、精细化、智能化的管理模式。同时，以多种手段和方式开展各种形式的应用与服务，实现城市环境的治理效率提升和社会效益显现等目标。

②架构设计　随着城市大数据的发展，城市管理系统的数据源呈现多样化，同时，系统内部数据的关联性、复杂性也在不断提高，导致系统的整合面临巨大挑战。对于智慧城市中的大数据分析平台而言，主要涉及大数据分析模型与数据算法、数据存储与处理、数据交互与关联、数据库与系统运行等几个部分。智慧城市的核心系统可以利用大数据技术获取不同的信息资源，并进行整合、管理。因此，在大数据分析平台的基本架构设计中，首先要确定智慧城市中大数据分析平台的基本架构设计模型。人

们通常将智慧城市中的智慧管理平台整体划分成四大部分：感知层、信息采集层、数据分析层、应用开发层。结合大数据技术进行建模分析，将智慧城市管理平台的架构设计作为一种高效的城市资源和公共信息收集利用手段，构建一个科学合理的智慧城市管理系统，以提升城市的运行效率，实现对城区内各种数据资源的有效控制和分析处理。同时，通过采集各种类型的数据应用于决策模型和监控工具的分析、评价和改进，实现业务数据与公共信息同步融合，并为业务决策提供重要依据。

8.6　大数据在林业领域的应用

当前，林业统计渠道正经历依靠有目的地调查采集向利用大数据有目的地分析挖掘的转变，工作方式从以统计机构为中心向以需求价值的指标为中心的转变，统计制度以全面报表制度为特征向以自动化、信息共享和网络化为特征的转变。

8.6.1　大数据在林业领域的主要应用场景

大数据在林业领域有广泛的应用，以下是一些具体的方面：

①生物多样性管理　通过采集和整合卫星遥感数据、生态监测数据、物种分布数据等多源数据，可以绘制生态系统的空间分布图、物种分布图和物种丰富度图，展示保护动植物的种类、数量、分布等情况，以及动物救助、野外相机、古树名木标识牌、各种监控设备的数据，为科学决策和生物多样性保护提供依据。

②森林防火监测预警　结合气象数据、地理数据和历史防火记录，利用大数据分析和机器学习算法，实时监测当前气温、湿度、风力、风向、连晴天数、森林火险等级指数等，预测火势蔓延趋势，及时提供预警和指导。同时，还能提供管护站、储备库、防火物资等信息，提高防火效率和精确性。

③生态环境保护　用于监测和评估森林生态环境的健康状况，分析遥感影像数据、空气质量数据、水质数据等，可实时掌握森林覆盖率、土壤质量、水资源状况等指标，及时发现和解决环境问题，维护森林生态系统的稳定性和可持续性。

④病虫害防治　借助传感器网络、图像识别和数据分析等技术监测病虫害的发生和蔓延趋势。结合专家知识和模型预测，制定精准的防治措施，降低病虫害对森林生态系统和经济的影响。

⑤森林资源管理　整合地理数据、生态数据和经济数据，实现对森林资源全面了解，包括森林类型、树种组成、林龄结构、生长速度等信息，有助于科学规划和管理森林资源，提高森林的可持续利用效率。

⑥人类活动监管　通过整合空间数据、移动设备数据和传感器数据，实时监测人类在森林中的活动，如木材采伐、非法砍伐、非法捕猎等的分布和趋势，加强监管力度，保护森林资源和生态环境。

⑦巡护管理　应用地理信息系统（GIS）、移动设备和传感器技术，实现巡护路线规划、巡护任务分配和巡护人员定位追踪，提高巡护效率和管理水平，加强对森林的保护和监管。

8.6.2　应用案例分析——智慧林草

甘肃临夏州林业和草原局建成的"智慧林草"大数据系统，包括前端防火视频系统、林草大数据云图系统、林草防火巡护系统、自然保护地网格化综合管理系统等。该系统提升了森林火灾综合防控与应急指挥能力、林草资源智能化与辅助决策能力、生物多样性资源管理与监测能力、古树名木动态监测与保护能力以及护林员管理能力。

"智慧林草"大数据系统是利用信息技术和"3S"技术（遥感RS、全球定位系统GPS和地理信息系统GIS），对森林、草原、湿地和野生动植物等林草信息进行全面的数据采集、存储、分析及应用，成为生态变迁的"收集器"、生态发展的"显示器"、生态治理的"指南针"，同时，在林草防火、病虫害防治、林草资源动态监管、生态系统修复治理等方面发挥至关重要的作用。

"智慧林草"大数据系统的建成使用，将开启林草信息化、数据化时代，全面提升森林火灾综合防控与应急指挥、林草资源智能化与辅助决策、生物多样性资源管理与监测、古树名木动态监测与保护、护林员管理等能力，为积极探索林草资源业务协同、生态环境、林草公共服务等方面提供智能化、可视化管理效能和临夏生态文明建设提供强有力的支撑。

此外，贵阳市的"贵阳智慧林业云平台"，其集成的森林防火信息化管理体系实现了林区实时防火监控和快速处置火情，该平台还建立了全市林业数字化"一张图"，实现森林资源一张图统揽，提高了林业工作效率和精细化管理水平；同时，通过安装物联网设备获取生态数据并实时公布，让民众共享绿色生活。

另外，以Earth Engine（GEE）等为代表的全球尺度地球科学数据在线可视化计算和分析云平台，存储了大量卫星影像、气候与天气、地球物理等方面的数据集，并依托强大的运算能力处理海量遥感数据，为林业研究和应用提供了有力支持。科研人员可以利用这些平台进行森林识别、森林状态监测、森林砍伐与退化监测、森林火灾监测、森林扰动监测、森林关键生理参数反演等工作。

◢ 8.7　大数据在农业领域的应用

农业是人类生存和发展的基础产业，农作物的产量和质量直接关系到粮食安全和农业经济效益。随着科技的不断进步和信息化的发展，农业大数据的应用正逐渐成为提高农作物产量和质量的重要手段。农业大数据分析能够利用传感器数据、气象数据、地理信息数据等多种数据来源，通过对大量数据的分析和挖掘，建立预测模型，对农作物的产量和质量进行准确预测。

农业大数据分析的应用为农业生产带来了革命性的变化。传统的农作物产量和质量预测主要依靠经验和观察，存在预测不准确、主观性强等问题。而通过运用农业大数据分析技术，可以实现对作物生长过程中的多个关键指标进行实时监测和预测，为农业生产提供科学依据和决策支持。

8.7.1　大数据在农业领域的主要应用场景

大数据在农业领域有广泛应用，主要体现在以下几个方面：

①农作物产量预测　通过统计方法和深度学习等，利用历史数据、气象数据、土壤数据、农田管理数据等进行分析和建模，预测农作物的产量。例如，使用线性回归拟合趋势线来推测产量，或借助深度学习模型处理复杂的非线性关系和大规模数据集，以提高预测准确性。

②农作物质量预测　利用图像识别技术分析农产品的图像特征，进行非破坏性的质量评估和预测。这一预测可以评估外观质量（如颜色、形状、大小、表面缺陷等）、检测病虫害情况、判断成熟度、进行分级和分类，以及分析营养成分含量等。

③精准农业决策　集成作物自身生长发育状况以及气候、土壤、生物等环境数据，并综合考虑经济、环境、可持续发展等指标，为农业生产决策者提供更加精准、实时、高效的管理措施。

④农情监测　借助大数据处理平台，分析气象数据、遥感卫星监测数据等，增强自然灾害的预测预报准确率，改进灾害评估方法；也可用于作物估产及生长动态监测。

⑤农产品监测预警　在农产品质量监测预警方面，大数据为农产品信息的全面收集提供技术支持，增加监测准确性，在出现质量问题时能及时控制影响范围。在农产品市场监测预警方面，加快了市场信息流动，减弱地域市场信息不同步产生的风险，使监测预警更加精准。

⑥智能灌溉和施肥　通过传感器实时监测土壤水分、气象条件、作物需水量、土壤养分等因素，结合人工智能算法，实现精准灌溉和施肥，提高水资源和肥料利用效率，同时避免浪费和污染，提升农作物品质和产量。

8.7.2　应用案例——云南保山咖啡监测大数据平台

云南保山咖啡，兼具地方特色与国家地理标志，但因其种植分散、数据整合不足，在一定程度上制约了当地咖啡产业的发展步伐。构建监测大数据可视化平台，旨在提升数据利用效率与精准度，助力咖啡产业提升品质与竞争力。平台运用大数据技术，对保山咖啡历史数据进行全方位、实时、精确监测。数据采集涉及网络摄像头实时获取种植区视频，整合官方数据源，存储于MySQL数据库，并通过Spring Boot构建稳定后端接口。前端采用Vue框架与ECharts，将处理数据转化为直观图表，辅助决策者快速理解产业趋势、识别关键问题。此平台的研究意义在于推动农业的信息化发展，以创新的方法和技术为云南保山咖啡产业实现可持续化发展保驾护航，也为相关决策人员提供了科学合理的参考信息，从而提升云南保山咖啡产业的综合效益和市场竞争力。

基于对已有数据的分析和研究，将平台分为6个模块进行开发。具体由云南省咖啡产业数据组件、图片展示及监控平台组件、保山市主要地区咖啡产量组件、保山市主要地区咖啡增长率组件、保山市主要地区咖啡种植面积组件、云南省各个地区主要农作物产量分布地图组件6个组件实现以上云南保山咖啡监测大数据可视化平台。

该平台界面整合了4个数据图表区域、1个云南省地图数据区域以及1个视频监控组件区域，使得用户能够一目了然地获取到关于云南保山咖啡的全面数据。其中，折线图以线条描绘了云南保山咖啡产量和种植面积历年增长率的变化趋势，为用户提供了直观的数据增长感知。环形图则通过更为直观的扇形区块，展示了历年云南保山咖啡产量的地区占比以及各地区的具体咖啡产量数据，使用户能够迅速把握各地区的产量贡献情况。柱状图以整齐划一的柱形，展示了历年云南保山咖啡种植面积的详细数据，使用户能够清晰地了解到种植面积的变化情况。而堆叠条形图则通过不同颜色区分的条形堆叠，呈现了历年云南省相关咖啡数据的综合情况。中间的云南省地图不仅实现了地图层级的下钻功能，让用户能够深入了解各地区农业产值情况，还通过提示框功能，实现了鼠标停留区域相关农业数据的即时展示。监控视频组件在未初始化时以图片轮播的形式展示咖啡树照片。而点击跳转后，用户能够实时观看直播视频，直观地了解咖啡现场的情况，使得数据分析与实际情况紧密结合，提升了数据的实用性和可信度。

参考文献

曹书豪，2023. 互联网应用水平对贸易型企业竞争力的影响研究[D]. 北京：北京邮电大学.

冯旭洋，2018. 生物医药研究中大数据技术应用及展望[J]. 中国战略新兴产业（4）：19.

胡瑞峰，邢小燕，孙桂波，等，2014. 大数据时代下生物信息技术在生物医药领域的应用前景[J]. 药学学报，49（11）：1512-1519.

李梅茵，2021. 大数据在互联网金融用户画像中的应用研究[J]. 中国高新科技（10）：47-48，70.

童庆，杨丹，赵晓静，2017. 大数据技术在城市管理领域的应用研究[J]. 计算机科学，44（10A）：104-107.

张小娟，2015. 智慧城市系统的要素、结构及模型研究[D]. 广州：华南理工大学.

第9章
大数据伦理

在信息时代，大数据分析已经成为商业、科学和市政管理领域的一项关键活动。然而，大数据的使用引发了许多伦理和隐私问题。维护个人隐私和伦理原则是确保大数据分析持续发展并产生正面影响的关键。随着法规和伦理框架的不断发展，大数据分析可以更好地平衡数据洞察和个人隐私的保护，以确保可持续数据应用。本章将探讨大数据伦理问题以及如何在数据分析中维护个人隐私。

9.1 大数据伦理概述

大数据伦理是指在处理和利用大数据时，需要遵循的道德和价值观准则。随着大数据技术的快速发展和应用，人们对大数据的搜集、分析和利用所涉及的伦理问题也越来越关注。

①大数据伦理要求数据的搜集和使用必须遵循合法合规的原则　在收集用户数据时，必须获得用户的明确同意，并且要保护用户的隐私权。此外，还要遵守相关的法律法规，确保数据的合法性和合规性。

②大数据伦理要求数据的使用必须具有公正和透明的原则　数据分析和应用过程中，应该避免歧视、偏见和不公正的情况发生。数据分析结果应该基于客观的事实和科学的方法，而不应受到个人或机构的利益影响。

③大数据伦理还要求数据的安全和保护　大数据中可能涉及大量的个人敏感信息，如个人身份、财产等，因此，必须采取安全措施保护数据的安全性，防止数据泄露、滥用和被非法访问。

④大数据伦理还要关注数据的社会和环境影响　在利用大数据时，要承担相应的社会责任，确保数据的合理使用和社会效益。此外，还要考虑数据对环境的影响，如能源消耗、碳排放等，努力减少对环境的负面影响。

总之，大数据伦理是在大数据时代中应对伦理挑战的一种回应。遵循大数据伦理准则可以保护用户隐私，确保数据安全，促进数据的公正使用，同时也能够推动大数据技术的可持续发展和社会进步。

◢ 9.2　大数据伦理问题

依据大数据技术引发伦理问题的原因、影响力、热度以及持续时间，伦理问题可分为显性伦理问题和隐性伦理问题。

9.2.1　大数据显性伦理问题

大数据技术的显性伦理问题，是指贴近普通百姓日常生活且时有发生，对人们有直接影响，并且可以清楚感知到以及时常讨论的伦理问题。大数据技术所带来的显性伦理问题依据呈现形式可概括为技术滥用、隐私泄露、数据独裁和管理缺失。这些问题与人的生命、健康和财产安全息息相关，并且随着大数据技术的发展，问题数量还在不断增加。

（1）技术滥用

大数据技术滥用是指利用大数据技术实施不道德、不合法或有潜在危害的行为，这些行为可能会危害人类和社会，违反公共道德和法律法规。这种滥用包括但不限于数据滥用、歧视性算法、虚假信息、恶意攻击、大数据武器化等，这是该技术负效应最广泛的存在。目前大数据技术所面临的滥用问题中，影响范围最广的是算法歧视和精准诈骗。

现代大数据技术发展离不开算法，这是大数据对海量数据进行处理的主要方式，如果算法不公平，就会对人类个体与社会均产生负面影响。算法歧视指的是大数据系统在处理数据时可能出现的不公平和偏见现象，导致某些人群受到不公平的待遇。这种歧视有可能会加剧社会中现有的不平等现象，进而影响受影响人群的生活质量。常见的算法歧视包含价格歧视（杀熟）和性别歧视等，其中价格歧视在网购平台表现尤为突出，部分商家的"割韭菜"行为会导致"熟客"利益受损。

不法分子可以利用个人信息进行精准诈骗，通过电话、短信、邮件等方式冒充银行人员、政府机构人员等身份，骗取受害人的财产。此外，个人信息泄露还可能导致身份盗用，不法分子利用受害人的身份信息进行违法行为，给受害人带来严重的名誉和法律风险。

（2）隐私泄露

数据隐私泄露是指个人或组织的敏感数据被未经授权的第三方获取和使用的行为。在大数据的时代背景下，每个人的信息都可以被数字化，放眼到人类社会中，每个人都可以看作由多个标签构成的一张用户画像，现代技术和现代人的深度合作给个人和企业都带来了数据隐私泄露的风险。

首先，我们的各种活动，包括我们的声音、表情和行动轨迹都被各种门户网站、各种移动设备实时地记录着，以至于每个人在网络上的一举一动都在未经我们允许和不知晓的情况下被采集、存储。其次，各种组织通过数据挖掘技术对获取的庞大数据进行反复整合利用，使本来毫不相关的、零散的信息碎片可以还原出个人信息，从而暴露出个人隐私。最后，大数据技术还可以通过云计算技术对海量数据进行分析，进而预测出未来人们想要做的事情。

因此，在大数据时代，人们面临隐私暴露的威胁已经不仅局限于过去和现在已有隐私的泄漏，还在于基于大数据对人们未来状态和行为预测得出的隐私泄露问题。

（3）数据独裁

所谓数据独裁是指在大数据时代，由于数据量的爆炸式增长导致做出判断和选择的难度陡增，迫使人们必须完全依赖数据的预测和结论才能做出最终的决策，人们的判断及行为"无数据寸步难行"，数据领导甚至统治我们。

在大数据时代，尽管智能机器对数据的挖掘和分析能力越来越强大、预测越来越精准，但是智能机器对因果关系复杂事务做出的预测和结论远远没有想象得那么可靠，并且不是任何领域都适用于通过数据来判断和得出结论，其中仍需要人扮演重要角色。因此，唯数据主义的绝对化必然导致数据独裁。这种数据主导人们思维的情况，最终将导致人类思维被"空心化"，进而是创新意识的丧失，还可能使人们丧失了人的自主意识、反思和批判的能力，最终沦为数据的奴隶。

（4）管理缺失

大数据技术的管理缺失是指在大数据技术的开发、应用和监管中存在的缺乏有效管理的问题。随着大数据技术的快速发展，人们也开始意识到在管理方面可能带来的风险和挑战。大数据技术的管理缺失主要体现在管理上的滞后性和管理上的经验缺乏。

①管理上的滞后性　这种情况出现在大数据技术快速发展的背景下，管理和监管机制与之匹配的速度跟不上，导致相关法律法规、政策、标准、伦理规范等方面的滞后。此外，大数据技术发展很快，管理者的管理思路跟不上大数据技术的更新速度。

②管理上的经验缺乏　这种情况出现在大数据技术的开发和应用过程中，缺乏足够的经验和知识来有效管理和监督技术的使用。虽然，世界各国均出台了不同的法案对大数据技术进行管理，如欧盟委员会发布的《数字服务法案》和《数字市场法案》，但其中关联的内容仍是以限制头部科技公司为主，导致在适用范围和细节处仍有许多需要补充和完善的地方。

管理缺失给大数据技术的健康发展带来了巨大的阻碍，因管理缺失而造成技术上的失误，会使人对技术产生的合理性提出怀疑，并抱有消极的态度。尽管从大数据技术的发展而言，管理上的失误并不是产生诸多伦理问题的关键，但这仍会制约大数据技术的良好发展。

9.2.2　大数据隐性伦理问题

大数据技术的隐性伦理问题对人们的影响具有隐蔽性，这一类问题在当下对人们不会有显性影响，但在未来可能会给人们带来影响。在现阶段对人类的影响较小，距离人们生活较远，不容易被人们发现和理解，并且不会对人和社会造成直接的伤害与财产损失，但是从社会发展的角度来看具有重要的意义。

大数据技术所带来的隐性伦理问题包含了隐私权弱化、数据控制。比起显性伦理问题，隐性问题对人的影响是潜移默化的，同样应该引起人的重视。

（1）隐私权弱化

随着大数据技术的普及，人们逐渐意识到数据隐私和权利问题的复杂性。随着技术的发展，企业和机构可以从海量非结构化数据中提取出隐含的个人信息，然而，这些信息的采集、处理和分享过程往往缺乏透明度和规范性。数据主体的隐私权利因此变得模糊甚至受到侵蚀，个体对自身数据的控制能力逐渐丧失。更严重的是，当个人数据汇集成群体数据后，个体隐私权的边界更加模糊，导致隐私保护机制失效。

在讨论隐私权弱化问题时，主要涉及以下几个方面：首先，数据主体在无意识中提供了大量个人信息，且并不清楚这些信息如何被使用，可能带来哪些潜在风险。其次，尽管数据匿名化处理在理论上能够保护隐私，但随着数据挖掘技术的进步，个体仍然可能被重新识别，导致匿名化保护失效。此外，数据所有权和使用权的不明确，使得数据主体难以主张自己的权利，尤其是在数据被多方共享或交易的情况下。

在实际应用中，隐私权弱化往往与数据伦理、透明度和责任归属密切相关。例如，企业利用大数据进行精准营销时，虽然可以提升服务质量，但同时也削弱了消费者的自主选择权，甚至可能对隐私造成威胁。当个人信息被滥用或泄露时，责任归属问题复杂化，数据提供者、处理者与使用者之间的责任界限模糊，使得数据主体的权益保护更加困难。

（2）数据控制

随着大数据技术的发展，数据的收集、存储和分析能力显著增强，然而，这也导致了数据资源的集中化问题。少数大型科技公司或政府机构掌握了海量数据，获得了前所未有的影响力，能够通过数据分析塑造市场、影响公众舆论，甚至干预政治决策。在这种背景下，个体和小型组织处于信息不对称的劣势地位，难以享有同等的数据资源和机会，从而加剧了社会的不平等。

讨论数据控制问题时，主要涉及以下几个方面：首先，数据资源的集中化使少数机构在数据使用上占据主导地位，控制了数据的获取和分析方式，而普通个体和小型组织则难以获得同等的数据资源。其次，数据的访问权限通常由数据控制者决定，这使得他们可以通过数据维护自身的优势，进一步巩固其在市场中的主导地位。第三，数据的使用缺乏透明度，公众无法了解自己的数据如何被利用，因而对数据滥用的担忧加剧。此外，数据控制还带来了操控风险，数据控制者可能利用数据操纵公众行为和决策，甚至对民主制度构成威胁。

在实际应用中，数据控制问题往往与透明度和问责机制的缺失密切相关。随着算法在商业和公共领域中的广泛应用，数据控制者可以通过不透明的算法决策影响个体生活，如信用评分、就业机会等。然而，普通人往往无法理解这些算法的逻辑，也难以质疑其公平性和正当性。这种不透明性使得对数据控制者的问责变得困难，进一步加剧了权力的不平等。此外，数据控制的集中化也带来了跨国数据流动的挑战，在不同国家之间，法律和伦理规范存在差异，导致数据主权和个人数据权利的冲突愈发突出。

9.3 大数据伦理问题原因分析

大数据的快速发展在为社会带来诸多便利的同时，也暴露出一系列伦理问题。这些问题的产生并非偶然，而是多种因素交织作用的结果。从道德、法律、管理机制以及技术自身的角度出发，深入分析大数据伦理问题的成因，有助于为后续的治理提供科学依据与实践指导。

9.3.1 道德规范的缺失

关于数据权、隐私权、网络行为规范等社会道德规范一直都存在于网络世界，但其发展速度已经不能与大数据时代的道德规范相适应，不再具有引导与制约大数据时代人们的社会价值观与社会行为的功能，而与大数据时代相适应的社会规范尚未建立，或者至少没有形成普遍共识，以至于还没有形成相应的约束力。

大数据行业对大数据伦理的认知和规范不统一，导致各种组织在大数据的数据采集、数据存储、使用和数据监管方面在大数据行业内部还没有形成一套完善和统一的伦理准则，所以各种组织往往根据自身组织内部的标准，对个人的数据隐私权、信息安全和用户权利进行认定、监督和控制，在数据市场需求大、利润空间大的情况下，这种多重标准的情况难免会产生冲突，引发伦理问题。

整个社会对大数据伦理的行为规范不统一，导致数据拥有者对自己在网络上的行为也没有相应的规范可以遵循，哪些数据可以发布、怎么发布，没有统一规范，往往是到造成不良社会影响时才会引起相关责任人的警觉。

9.3.2 法律体系不健全

首先，大数据技术的创新导致了全新的伦理问题，以致原有的法律法规已无法解决大数据时代所产生的新伦理问题。其次，法律的特殊性导致其从提案起草、公示论证、收集意见、完善草案，再到颁布执行需要较长的时间，以至于大数据法律的建设总是在某种程度上滞后于大数据技术的发展。最后，法律往往是反应式的，而非预见式的，法律与法规很少能预见大数据的伦理问题，而是对已经出现的大数据伦理问题做出反应。结果就会出现在制定一个大数据问题的法律时又会出现另一个新问题的现象，这样就会导致对一些大数据中出现的问题的处理无法可依。

9.3.3 管理机制不完善

大数据伦理问题的产生与社会管理机制密切相关。大数据巨大的价值是各大数据主体行为的根本动因，如果缺乏社会责任感的大数据企业做出的不符合大数据伦理规范的行为不加以惩罚，将会给社会带来不良导向，最终这种导向将被整合成一个群体行为，整个大数据行业将通过群体行为的表现把商业价值体现得淋漓尽致，而将其应承担的社会责任抛弃。因此，如果在大数据技术的研究、开发和应用阶段没有建立起相应的评估、约束和奖惩机制，将导致大数据伦理问题层出不穷。

9.3.4 大数据本身的缺陷

大数据自身的缺陷也是造成大数据伦理问题的一个根源。以最为突出的隐私问题为例。首先，大数据的海量性和混杂性并存。这决定了数据收集时很难对其进行科学分离，采取全面采集的形式，个人隐私也会被收集，这就留下了巨大的漏洞和安全隐患。其次，数据的存储技术越来越发达，形式也日趋多样化，数据分布越来越广泛，增大了数据泄露的可能性。最后，许多企业的大数据平台是建立在不够成熟的技术基础之上的，很容易出现安全漏洞，遭受黑客攻击。

9.4 大数据伦理问题的治理

大数据伦理问题的产生具有复杂性，因此，要解决大数据伦理问题，也具有复杂性，要靠政府决策者、科学家或伦理学家共同努力。在探讨大数据治理对策时，应该通过跨学科视角建构大数据治理的框架，进而提出全面性和整体性的治理策略。

9.4.1 加强大数据伦理道德建设

为了防止大数据伦理问题的产生，需要在人的道德层面上制定大数据伦理规约，从全社会的层面来约束人们在研发、使用大数据技术时的不当行为。

首先，个体要明白网络不是法外之地，任何侵犯他人权利的言行，都需要承担一定的责任。同时，个体也要意识到，如果自己数据管理不善则可能带来非常严重的后果。所以，要从自身做起，提高保护个人数据安全的意识和能力。同时，大家也要增强防护意识，自觉主动地增加自身的大数据知识和操作技能，以防止落后于大数据时代的发展机遇。

其次，企业有责任去保护用户的数据隐私。在网络个人数据拥有者、数据服务提供商和数据消费企业之间建立一个共同认可的自律公约，各方严格遵守公约，对破坏公约者应有惩罚机制。

最后，政府要履行行政责任。一是，在管理层面加强对大数据违法违规行为的监管。二是，促进数据使用的公平正义，打破数据控制。由于数据具有的价值性，掌握数据者和不掌握数据者之间存在着严重的不平等，这就需要通过政府的一系列制度安排来缩小两者之间的差距。三是，政府在使用大数据技术进行决策时，需兼顾公民个人的意志。

9.4.2　完善法律机制

虽然法律具有滞后性，但法律仍然是大数据治理的有力武器。通过制定和完善大数据相关法律，可以与伦理道德形成的道德自律共同对大数据的行为主体起到规范、约束和引导主体行为的作用，使其对大数据行为主体的约束更加牢固。

首先，应进一步完善大数据立法。尽管在《中华人民共和国宪法》和《中华人民共和国民法典》当中赋予了公民一定的信息权利，国家又先后出台了诸如《关于加强网络信息保护的决定》和《中华人民共和国网络安全法》等法规，但都还是比较宏观，有些法规措施落后于大数据技术的发展速度，所以在法律层面制定相应的"实施细则"是必要的。

其次，政府应当在法律的基础上，制定相关的规章，规范数据采集的程序和规范，运用大数据手段加强对数据信息的监管。

最后，在企业运用大数据技术对客户数据进行挖掘时，法律应限制某些敏感隐私信息的使用途径，对于违反相关规定的数据挖掘者或使用者，将采取更加严厉的处罚。

9.4.3　健全大数据管理机制

健全大数据管理机制是应对大数据技术带来的伦理挑战和社会风险的关键手段之一。通过构建有效的管理机制，可以实现对数据的合法、透明和公平地使用，保护数据主体的权益，并促进大数据技术的可持续发展。

首先，应建立全面的数据治理框架。一个有效的数据治理框架应包括数据收集、存储、处理、共享和销毁的全生命周期管理，确保数据使用的合法性和合规性。这个框架不仅应涵盖现有的法律法规，还应包括数据管理的最佳实践和行业标准，确保数据在使用过程中始终符合伦理和法律要求。

其次，健全数据透明度和问责机制。数据使用者应当明确告知数据主体其数据的用途，并提供数据访问和纠正的权利。此外，数据处理过程中应建立清晰的问责机制，当数据被滥用或泄露时，相关责任人必须承担相应的法律责任。这样可以在数据使用过程中形成一种内在的监督和约束机制，减少数据滥用的可能性。

最后，健全大数据管理机制还需要社会各界的广泛参与和监督。公众、学术界和媒体应当在大数据管理过程中发挥积极作用，提出建议和监督机制的实施情况。只有通过多方参与和共同努力，才能确保大数据管理机制的有效性和公正性，从而实现数据技术与社会发展的良性互动。

9.4.4 完善大数据技术

完善大数据技术是确保数据应用安全、高效和公平的基础。随着大数据技术的广泛应用，技术本身的局限性和潜在风险也逐渐显现。因此，提升和优化大数据技术，不仅有助于提高数据处理的精度和效率，还能够更好地应对数据隐私、数据安全和伦理等问题。

首先，应注重数据安全技术的升级。大数据技术在收集、存储和处理大量数据时，往往涉及敏感的个人信息和商业机密。因此，必须加强数据加密、访问控制、身份验证等安全技术的研发和应用，确保数据在整个生命周期内都能得到充分保护。与此同时，技术研发应关注新兴威胁，如量子计算对现有加密技术的挑战，提前布局应对方案，以防止未来可能的安全漏洞。

其次，推动数据匿名化和去标识化技术的发展。尽管现有的匿名化技术能够在一定程度上保护数据隐私，但随着数据分析技术的进步，重新识别个体的风险也在增加。因此，研究更加先进的匿名化和去标识化技术，确保数据在共享和分析过程中无法逆向追踪到个人，是大数据技术完善的重要方向。这不仅可以保护个人隐私，还能够促进数据的合法共享和使用。

再次，强化算法的透明度和公平性。大数据技术的核心是算法，而算法的透明度和公平性直接影响着数据应用的公正性。为此，应该推动算法的可解释性研究，使得算法决策的过程能够被理解和监督。此外，还应当开发和应用消除算法偏见的技术，确保算法在处理不同群体的数据时不会产生不公平的结果。通过这些努力，可以减少数据应用中的不公平现象，提升公众对大数据技术的信任度。

最后，促进跨学科的技术融合与创新。大数据技术的发展不仅依赖于计算机科学，还需要与统计学、社会学、伦理学等多学科的紧密合作。通过跨学科的技术融合，可以为大数据应用提供更加多元化的视角，解决数据技术在实践中遇到的复杂问题。例如，结合社会学的研究，可以更好地理解数据对社会行为的影响，进而优化数据技术的设计和应用。

完善大数据技术是应对大数据时代复杂挑战的必要手段。通过数据安全的提升、算法透明度的增强、技术架构的优化，以及跨学科的创新，可以确保大数据技术在未来的发展中更加稳健、安全和公平，为社会的可持续发展提供坚实的技术支撑。

参考文献

凡景强，邢思聪，2023. 大数据伦理研究进展、理论框架及其启示[J]. 情报杂志，42（3）：167-173.

刘国城，2024. 人工智能时代审计伦理的危机表征与治理路径[J]. 兰州学刊（1）：41-57.

吕耀怀，2018. 数字化生存的道德空间[M]. 北京：中国人民大学出版社.

宋吉鑫，2018. 大数据技术的伦理问题及治理研究[J]. 沈阳工程学院学报（社会科学版），14（4）：452-455.

陶思琦，2023. 大数据技术的伦理问题及其治理研究[D]. 沈阳：沈阳师范大学.

COLLMANN J，MATEI S A，2016. Ethical Reasoning in Big Data: An Exploratory Analysis[M]. Cham: Springer.